工程教育系列丛书

工科专业经济决策的原理及运用

杨毅刚 王 泉 苏 涛
万永菁 张仕斌 田 剑 ◎编著

人民邮电出版社
北京

图书在版编目（CIP）数据

工科专业经济决策的原理及运用 / 杨毅刚等编著. -- 北京：人民邮电出版社，2021.8
（工程教育系列丛书）
ISBN 978-7-115-57014-7

Ⅰ. ①工… Ⅱ. ①杨… Ⅲ. ①企业管理－经济决策 Ⅳ. ①F272.31

中国版本图书馆CIP数据核字(2021)第146116号

内 容 提 要

本书是针对工程教育专业认证通用标准的毕业要求编写而成的，是工科专业经济决策的方法论。本书内容的最大特点是将产品设计、开发解决方案与产品全周期、全流程作业环节的成本核算、经济决策融合起来，使读者能够掌握通过修改设计、开发解决方案的方式来优化产品的经济决策结果，使设计、开发的解决方案能够在满足产品技术指标的同时，也可满足产品的经济指标。

本书的内容与工程教育专业认证通用标准中相关毕业要求中的能力要求高度吻合，适合作为高校工科专业支撑工程教育专业认证、工程教育的教材、教学参考书，也适合那些已经参加工作的工科生阅读。

◆ 编　著　杨毅刚　王　泉　苏　涛　万永菁　张仕斌　田　剑
　责任编辑　刘亚珍
　责任印制　陈　犇

◆ 人民邮电出版社出版发行　北京市丰台区成寿寺路11号
　邮编　100164　电子邮件　315@ptpress.com.cn
　网址　https://www.ptpress.com.cn
　北京七彩京通数码快印有限公司印刷

◆ 开本：700×1000　1/16
　印张：14.5　　　　　　　　　2021年8月第1版
　字数：269千字　　　　　　　2025年7月北京第15次印刷

定价：59.80 元

读者服务热线：(010)53913866　印装质量热线：(010)81055316
反盗版热线：(010)81055315

序

  我国高等教育中的工科专业是一个庞大的群体，90%以上的高校开设工科专业，工科专业的在校生、毕业生人数约占学校总人数的三分之一，工科专业的人才培养是否能够满足社会的需求意义重大。

  我国在大规模开展工程教育专业认证前，出现了社会上许多工科专业毕业生找不到合适的工作，而同时企业又招不到合适工程人才的供需背离现象。

  在工科专业大规模开展工程教育专业认证后，我国高校的工科专业开始面向社会需求，直接将行业、企业对毕业生的工程能力要求作为工科专业本科生的培养目标。

  目前，在工科专业的工程教育中，对工科专业毕业生的工程能力有明确的要求，要求工科专业毕业生具有解决复杂工程问题的能力，也就是要求工科专业毕业生要具有将本专业的技术知识与非技术制约因素相融合的能力，在从事工程设计时能够考虑经济、环境、法律等各种制约因素；能够掌握、运用工程设计和产品开发全周期、全流程的设计/开发方法和技术，以及工程项目管理原理，能够对工程、产品的设计和实施进行全周期、全流程的过程管理；能够掌握、运用经济决策方法，使所设计/开发的工程、产品既能达到技术指标、功能、性能要求，又能达到预定的成本、回报等经济指标要求。

  但现在许多高校的工科专业对解决复杂工程问题能力的理解并不到位，他们习惯用解决复杂技术问题的方法来替代解决复杂工程问题的方法，对设计/开发解决方案能力的培养没有很好地遵循工程逻辑，没有系统性地培养工程设计/开发流程、方法论。

我国许多高校的工科专业原来没有开设工程经济决策的相关课程,而工程教育专业认证的通用标准又对工程经济决策有明确的能力要求,这对许多高校的工科专业压力很大。目前,图书市场中适合工科学生使用的经济决策的教材很少。因此,编写一本适合高校工科专业学生使用的经济决策方法论教材,对强化工科学生工程能力的培养、加速推进工程教育专业认证工作极为有益。

本人凭借在工程领域从事设计开发、工程项目管理、经济决策30余年以及参加工程教育专业认证10余年的经验,在我撰写的《高新技术企业产品成本控制与管理》《持续降低产品成本的系统方略》《高新技术企业集成产品开发管理》《企业技术创新的系统方略》等已经出版的图书的基础上,按照《工程教育认证标准(2017年11月修订)》《工程教育认证通用标准解读及使用指南(2020版,试行)》的标准要求,针对大多数高校工科专业目前在工程教育中存在的共性问题,我撰写了这本图书的初始构架。与此同时,我非常敬佩华东理工大学、西安电子科技大学、武汉科技大学、成都信息工程大学、江苏科技大学积极探索专业教育与工程教育深度融合的教改热情和决心,这几所学校不仅对本书的编写给予了大力支持,而且积极参与编写,并将以本书为抓手全面启动对工程教育的深度教改。

华东理工大学的王慧锋副校长、西安电子科技大学的王泉校长、武汉科技大学的吴怀宇副校长、成都信息工程大学的何建新副校长、江苏科技大学的周南平校长,以他们在本科教育中深厚的造诣,弥补了我在本科教育中的不足,他们对本书的编写、修改提出了许多极具价值的宝贵意见,在此对他们为本书的付出表示衷心的感谢!

西安电子科技大学的王泉和苏涛、华东理工大学的万永菁、成都信息工程大学的张仕斌、江苏科技大学的田剑作为本书的编著者,为本书的内容完善、修改付出了极大的努力!在他们共同努力下,本书才得以圆满完成!

本书在编写上充分考虑了理工科学生(非经济、管理专业)的专业特点,理论完整、系统性强、理论联系实际、深入浅出、注重创新,还穿插了大量的工程案例,每章都安排了一些思考题,便于读者进一步理解每个章节的内涵,并能够引发读者的思考,以达到举一反三的效果。

本书的内容也与工程教育专业认证通用标准中相关毕业要求的能力要求高度吻合，可直接作为工程教育专业认证通用标准中毕业要求能力培养的支撑。

书中若有不当之处，诚恳广大读者提出宝贵意见，以便本书在再版时修订，谢谢各位读者。

大唐电信科技产业集团原副总裁
2021 年 4 月 15 日

前 言

许多人认为一个新产品只要具有技术的先进性，就一定会有市场竞争力，认为产品的竞争实质上就是技术的竞争，其实这种观点是片面的。一般产品都具有技术、经济双重属性，一个新产品的设计解决方案除了要追求技术指标的先进性之外，同时还要追求经济指标的竞争性，二者缺一不可。新产品的设计解决方案既决定了其技术指标的优劣，也决定了其经济指标的好坏，所以一定要掌握对设计、开发解决方案进行经济决策的方法。

由于一般产品具有技术和经济的双重属性，所以无论哪个企业，在下达产品的设计任务时，都是同时下达该产品拟达到的功能、性能等技术指标，以及拟达到的成本限额、经济回报等经济指标。一个新产品的设计解决方案是否成功，要以该新产品是否能够同时满足上述技术、经济双重指标的任务要求为判断依据。

一个新产品的设计解决方案一旦完成，该产品的功能、性能、技术指标也就确定了，可以通过该设计解决方案来验证该产品所有的功能、性能，也可以通过该设计解决方案计算出该产品所有的技术指标。如果有哪一项功能、性能、技术指标没有达到预期的设计要求，就必须要重新修改该设计解决方案。通过设计修改来改变产品的功能、性能、技术指标，直到该设计解决方案能完全实现预期的功能、性能、技术指标要求为止。与此同时，一旦新产品的设计解决方案完成，该产品的成本基线也就确定了。可以通过该设计解决方案进行经济决策分析，判断新产品的成本指标、销售价格、经济回报结果是否能够达到预期目的。如果经济决策的结果达不到预期目的，那么必须要重新修改设计解决方案，要通过修改设计解决方案来改变产品成本的构成与数额，直至达到预期的经济回报为止。

如果完成的设计解决方案只能达到预期的功能、性能、技术指标，而达不到预期的成本限额、经济指标，或完成的设计解决方案只能达到预期的成本限额、经济指标，而达不到预期的功能、性能、技术指标，这样的设计解决方案就是不合格的。因此必须要对其进行设计修改，通过设计修改在技术指标与经济指标中寻找平衡点，以期同时达到技术与经济的双重任务指标，这就是产品开发中的经济决策方法。

现在许多高校的工科专业只培养学生在本专业领域的基础知识、专业基础知识、专业知识，以及专业知识的运用能力，许多工科的毕业生在设计产品时只关注产品的功能、性能、技术指标，没有掌握产品设计的经济决策方法，不会核算产品的成本，导致在进行产品设计时，完全不考虑产品的成本构成和数额，对产品的经济指标没有概念，这样的产品设计解决方案当然不可能达到预期的设计任务要求。

一个产品的成本结构是如何组成的？什么因素会直接影响到产品成本数额的大小？设计开发解决方案怎么能够改变产品成本的结构、数额？如何进行产品的经济决策？这都是在进行产品设计时必须掌握的基本知识。

一个成功的设计解决方案要达到预期的功能、性能、技术指标设计要求，还要达到预期的成本限额、经济指标设计要求。这里的产品成本既包括产品的元器件材料清单价格，也包括生产、安装、服务环节的成本。产品的经济决策过程是一个具有系统理论支撑的方法论。

工程教育的《华盛顿协议》国际标准及中国工程教育专业认证通用标准，都要求设计解决方案要考虑经济制约因素，要在设计中掌握经济决策方法，并在多学科中应用经济决策方法。现在大多数高校的工科专业都在准备或已经进行工程教育专业认证。

事实是现在许多高校的工科专业对工科专业经济决策内涵的理解并不到位，所开设的经济决策课程以宏观经济为主，没有达到工程教育专业认证通用标准的要求，《工程教育认证通用标准解读及使用指南（2020版，试行）》对经济决策方法有明确的解释，"经济决策方法是指对工程项目或产品的设计和实施中全周期、全流程的成本进行分析和决策"，如果在对经济决策方法进行培养时所选用的教材不合适，课程目标就难以达到最终的毕业要求。

为了能够对工科专业学生的经济决策能力的培养起到一定的支撑作用，《工科专业经济决策的原理及运用》以工程教育要求为基准，重点面向理工科背景学生，以产品开发中的经济决策方法为主线，紧密结合我国工程实践，力求用有限的学时覆盖工科专业工程教育的重点和难点内容，使工科专业学生能够掌握设计、开发全周期、全流程中的经济决策方法。

本书的内容包括以下核心内容。

一是系统性地阐述了企业的财务体系及不同成本核算方法的基本原理。毕竟工科专业的学生原来完全没有学习过财务管理知识，因此首先要对他们建立起系统的企业财务体系概念，使他们能够知晓财务会计、管理会计、成本会计的基本内涵和相互关系，能够看懂企业的利润表。在此基础上，从产品成本产生的机理上，分析了完全成本法、作业成本法、变动成本法和变动作业成本法的基本原理及运用，使工科专业的学生能够从机理上掌握各种不同的产品成本分析、核算方法，并知晓各种方法的特点及运用场合，打下扎实的理论基础。

二是以工科专业产品全周期、全流程的作业环节为轴线，掌握作业环节分析、归集产品成本的方法。本书重点阐述了作业变动成本法的"产品→作业→资源（成本）"的作业分解方法，以及"资源成本→作业成本→产品成本"的成本聚合、归集方法，用该方法来追溯产品的变动成本和分解混合成本的组成，使读者能够独立分解产品的作业流程，并能够分析成本的性态、成本发生的动因，确定各作业环节中的成本性质，将分散在各个作业流程中的变动成本归集起来，以达到分析、核算产品全周期、全流程成本的目的。

三是通过优化产品设计解决方案的方法，达到优化各作业环节产品成本的目的。本书详细论述了产品设计解决方案与产品全周期、全流程作业成本的因果关系，以及产品设计解决方案如何决定产品全周期、全流程作业成本的机理，使工科专业的学生能够采用优化产品设计解决方案的方法，实现优化各作业环节产品成本的目的，这就是工科专业进行经济决策的核心原理。产品的经济决策绝不是简单的核算产品的经济指标，而是通过工科专业的专业知识、能力，通过修改设计方案的方式，改变产品成本的构成、数额，从而达到产品经济指标的最终目的。

四是以损益方程式为工具，掌握工科经济决策的方法。本书详细阐述了损益方程式的核心内涵，使工科专业的学生以损益方程式为工具，对产品的设计解决方案进行经济分析、判断，并能够计算出所设计产品的各项经济指标，并进行经济决策，以达到掌握、运用工科专业经济决策方法论的目的。

五是通过抽象、提炼，把经济决策方法转换成可在各学科、各工科专业可通用的工科经济决策方法论。这是个难点，也是专业认证通用标准中的要求。之所以要提这个要求，是因为所有的产品成本分析、经济决策都与该产品的作业流程、作业内涵、工艺方式等密切相关，而产品的作业流程、作业内涵、工艺方式又与该产品的学科、专业领域密切相关，这就意味着不同学科、专业领域产品的作业方式差别是巨大的，不能简单地将一个学科、专业领域的产品成本分析、经济决策方式直接用于其他学科、专业领域的产品。

本书最大的特点是将产品设计、开发解决方案与产品全周期、全流程作业环节的成本核算、经济决策融合起来，使读者能够掌握科学的经济决策方法。本书的内容与专业认证通用标准中相关毕业要求高度吻合，可直接作为工程教育专业认证通用标准中毕业要求3、毕业要求11内涵观测点（指标点）能力培养的支撑。

目　录

第一篇　财务成本管理及作业变动成本法

第一章　财务成本管理 ··003

第一节　财务体系 ··004

第二节　完全成本法 ··006

第三节　变动成本法 ··012

第四节　对完全成本法和变动成本法的评价 ······························024

第二章　作业变动成本法 ··029

第一节　作业成本法 ··030

第二节　作业成本法与变动成本法的有机融合 ····························036

第三节　按作业特征分解混合成本 ··042

第四节　产品成本核算方法的选择及运用 ··································043

第二篇　产品作业变动成本分析及作业变动成本法

第三章　全周期、全流程的产品成本 ···051

第一节　产品全成本概念 ···052

第二节　作业环节的确定 ……………………………………… 053

第三节　各作业环节成本性态分析及归集方法 ………………… 053

第四章　产品研发流程各环节变动成本分析与归集 … 057

第一节　产品研发流程 …………………………………………… 058

第二节　产品策划环节的职能、成本性态分析及归集 ………… 061

第三节　技术研究（预研）环节的职能、成本性态分析及归集 … 062

第四节　产品开发环节的职能、成本性态分析及归集 ………… 063

第五节　产品研发测试、验证环节的职能、成本性态分析及归集 …… 065

第五章　产品各生产作业环节变动成本分析与归集 … 069

第一节　按作业流程分解作业 …………………………………… 070

第二节　生产计划管理环节的职能、成本性态分析与归集 …… 071

第三节　采购管理环节的职能、成本性态分析与归集 ………… 073

第四节　装配生产环节的职能、成本性态分析与归集 ………… 075

第五节　单板测试环节的职能、成本性态分析与归集 ………… 080

第六节　整机测试环节的职能、成本性态分析与归集 ………… 082

第七节　系统测试环节的职能、成本性态分析与归集 ………… 084

第八节　发货管理环节的职能、成本性态分析与归集 ………… 086

第九节　库存管理环节的职能、成本性态分析与归集 ………… 087

第十节　中试管理环节的职能、成本性态分析与归集 ………… 089

第十一节　工程安装、调试管理环节的职能、成本性态分析与归集 … 092

第六章　销售、服务环节变动成本分析与归集 ………… 097

第一节　产品销售环节的职能、成本性态分析与归集 ………… 098

第二节　产品售前、售后服务环节的职能、成本性态分析与归集 …… 100

第三节　产品全成本概念下的变动成本总额 …………………… 101

第三篇　产品作业变动成本及固定成本的优化

第七章　优化产品成本是经济决策的核心 107
　　第一节　产品研发、设计方案对生产作业环节成本的决定性作用 108
　　第二节　优化产品成本是经济决策的核心 110
　　第三节　成本降低的概念 111
　　第四节　全局性降低产品变动成本的分析和策划 113

第八章　通过优化设计方案降低产品变动成本 117
　　第一节　通过优化设计来提高经济决策的效果 118
　　第二节　降低元器件材料清单的变动成本 118
　　第三节　降低生产作业环节的变动成本 123
　　第四节　降低中试环节的变动成本 129
　　第五节　降低工程安装环节的变动成本 130

第九章　通过优化设计方案降低产品固定成本 133
　　第一节　固定成本的优化 134
　　第二节　通过技术重复使用来降低产品固定成本 134
　　第三节　非产品固定成本的控制与管理 145

第十章　产品变动成本的控制与管理 147
　　第一节　产品变动成本控制体系 148
　　第二节　标准成本的制订 151
　　第三节　按产品型号建立产品变动成本数据库 154
　　第四节　建立产品变动成本考核体系 156
　　第五节　基于考核的变动成本奖惩体系 157
　　第六节　实现价值管理 158

第四篇　产品全周期、全流程的经济决策

第十一章　分产品型号核算盈亏平衡点 ··· 163
第一节　分产品型号核算盈亏的必要性 ··· 164
第二节　产品成本、数量和利润的关系分析 ·· 164
第三节　损益方程的真实内涵 ·· 169
第四节　单一产品盈亏平衡点的核算 ·· 170
第五节　同时经营多种产品时各产品盈亏平衡点的核算 ······························· 172

第十二章　产品变动成本与产品定价的关系 ··· 175
第一节　企业固定成本与产品销售的关系 ··· 176
第二节　产品变动成本与产品销售的关系 ··· 176
第三节　从产品变动成本看产品定价的策略 ·· 177
第四节　产品销售单价不得低于单位产品的变动成本 ·································· 179

第十三章　产品全周期、全流程的经济决策 ·· 181
第一节　全周期、全流程的成本核算 ·· 182
第二节　产品全周期、全流程投资回报的经济决策核算 ······························· 185
第三节　考虑产品全周期、全流程成本后的定价 ······································· 185
第四节　产品的经济决策分析案例 ··· 186
第五节　用自动测试替代人工测试的经济决策对比案例 ······························· 188
第六节　对原产品进行重新设计的经济决策对比案例 ·································· 190

第五篇　经济决策方法论的运用

第十四章　经济决策方法在多学科中的运用 ·· 201
第一节　工科专业经济决策方法是方法论 ··· 202

第二节　多学科、多专业领域的工程、产品类型 ·················· 203

第三节　掌握经济决策方法论的精髓 ······························ 203

第四节　出版印刷专业的经济决策方法案例 ······················ 207

结束语 ·· 215

第一篇
财务成本管理及作业变动成本法

- 第一章　财务成本管理
- 第二章　作业变动成本法

第一章
财务成本管理

> 财务会计的管理对象是企事业单位、组织，因此，财务会计所关心的是单位、组织的收入、成本、利润，财务会计并不精准聚焦每一个产品的收入、成本、利润，更不会聚焦产品每个作业环节的成本动因、数额。管理会计的管理对象是产品本身，所以管理会计要精准聚焦每一个产品的收入、成本、利润，以及产品每个作业环节的成本动因、数额。财务会计、管理会计对企业而言同等重要，二者不可相互替代。

第一节　财务体系

一、现行会计体系的分类

现行的会计体系按会计职能可分为财务会计、管理会计和成本会计 3 类，这 3 类都是会计体系的组成部分，但又有各自不同的作用。下面将分别介绍财务会计、管理会计和成本会计的职能，并说明三者之间的关系。

1. 财务会计

财务会计主要体现会计信息的社会职能。财务会计提供的会计信息具有典型的通用性。例如，财务报告是不分行业、产业、企业的通用财务报告，其格式也可称为"世界通用的财务语言"。

财务会计的重要职能是提供各种对外的财务报告，例如，利润表（损益表）、资产负债表和现金流量表等。企业对外发布的财务报告能够清晰地反映出一家企业的财务状况、资产质量及经营成果等。通过财务报告，我们能够分析出一家企业的财务状况。财务报告的使用者主要是企业的股东、债权人、潜在的投资人和证券机构等。真实的财务报告可以让外界对企业的财务状况、经营成果进行客观评价。为了使投资人能够通过企业财务报告清楚地看到不同企业的经营状况，必须要求所有企业的财务报告具有统一的格式及表达形式。只有这样，不同企业的财务报告才具有可比性，才能看出不同企业（哪怕是完全不同行业的企业）的盈利能力及资产。换言之，只有用统一的财务度量标准和标杆，才能看出不同企业的经营状况。由此可知，财务会计的最大特点在于其财务报告的严格规范化，有统一的会计准则，这样才便于企业外部人员对企业进行客观评价。

2．管理会计

管理会计主要体现会计信息的管理职能，提供各类产品的管理报表。管理会计为企业内部的经营管理人员提供每个产品型号的预算、计划、控制、定价等经营活动的决策管理信息。管理报表也可以起到对企业内部管理人员及各下属责任单位进行业绩考核及管理评价的作用。

由于管理会计是针对企业内部产品型号的具体经营活动而提供的经营管理信息，所以不同行业、产业和企业管理报表的形式差别很大，甚至在同一企业内，不同类型产品的管理报表也会存在较大的差别。管理报表要依据产品的生产流程、工艺来量身定制，以充分反映该产品的具体经营特征。正是因为管理报表是针对产品的作业、工艺流程、经营模式特征量身定制的，所以不同企业、不同产品的管理报表是没有可比性的。

3．成本会计

成本会计的职责是记录、计量和报告有关产品成本的各项信息。成本会计为财务会计、管理会计提供基础的财务成本信息。

二、财务会计、管理会计和成本会计三者之间的关系

成本会计分别向财务会计、管理会计提供有关产品成本的基础财务信息，财务会计、管理会计的成本信息来自相同的信息源，但二者会做分流处理。财务会计为企业的外部信息使用者提供企业财务信息；管理会计为企业内部的管理人员提供产品经营管理信息。财务会计获得产品成本信息的目的是按财务准则核算财务报表，与产品成本信息直接相关的财务报表是利润表（损益表）。管理会计获得产品成本信息的目的是制定降低产品成本的各项策略和各种经济决策建议。财务会计、管理会计二者间不能相互替代，二者各有所用，是相互补充的关系。

在同一家企业同时需要这3种财务信息。但大多数企业只重视财务会计，其原因无论是上市公司、股份制公司，还是有限责任公司，每年都要向投资人提交公司的半年财务报告和年度财务报告，这是投资人对企业的基本要求。因此，企业的经营管理者都把企业的财务报告看成刚性的强制要求，企业的

经营无论多繁忙，都会按规定的时间要求，按时完成财务报告（即利润表、资产负债表和现金流量表），大多数企业内部的财务部门也主要围绕财务报告开展工作。

管理会计要根据企业的类型、产品的特征和生产流程的特点，对每个产品编制相应的财务管理报表。通过财务管理报表，可将企业的总经营指标分解到各条产品线，并按产品线进行独立核算、考核和管理，以实现产品成本的精确化管理，使原本是成本中心的各个生产环节接受利润贡献增量的量化考核。因此，企业管理者通过财务管理报表可以极大地提高企业的管理控制力，这是一种有效的管理方法。

财务会计和管理会计是不能相互替代的，在做好财务会计工作的同时，也应做好企业管理会计的工作。目前，管理会计的理论大多只停留在书本上，还没有广泛成为管理实践的方法论。究其原因，一是许多企业只重视财务会计，对管理会计不够重视；二是目前还没有较好的方法能把管理会计理论与企业实际进行结合。因此，必须确立一种切实可行的实践方法，推动管理会计的应用。

本章从第二节开始，将分别论述财务会计中的完全成本法及管理会计中的变动成本法，使读者能清楚地认识到两种成本方法各自不同的本质特征。

第二节　完全成本法

一、完全成本法的定义

完全成本法是财务会计中主要采用的成本核算方法。完全成本法按经济用途将成本分为制造成本和非制造成本。其中，制造成本包括直接材料成本、直接人工成本和制造费用；非制造成本也称为期间费用，包括销售费用、管理费用和财务费用。在完全成本法中将产品制造成本全部计入产品成本，将非制造成本列为期间费用，从当期销售毛利中扣减。完全成本法的成本计算流程如图 1-1 所示。

第一章 财务成本管理

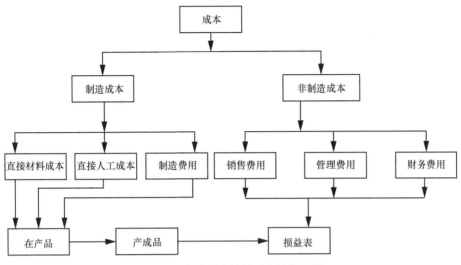

图 1-1 完全成本法的成本计算流程

完全成本法的理论根据是：凡是同产品生产有关的消耗都应计入产品成本。按完全成本法的理论，产品在生产过程中不仅要消耗一定的直接材料、直接人工和变动性制造费用，同时还要消耗一定的生产能力，如果没有厂房，没有基本生产组织机构，不开动机器设备，产品就不会被生产出来。因此，为提供生产能力所发生的固定性制造费用与直接材料、直接人工、变动性制造费用一样，这些费用都是产品成本的组成部分。既然是产品成本，成本就应随产品而流动。也就是说，如果产品被销售出去，汇集于产品上的成本也应转为本期的销售成本，以确定本期的损益；如果产品没有被销售出去，则构成期末存货，汇集于存货产品上的成本也应结转于下一期，等到下期被销售时，再结转到销售成本。

根据完全成本法的理论，除产品的直接材料、直接人工、产品变动性制造费用这些显而易见的产品成本外，同时也将一部分体现生产能力的设置、资源所产生的固定费用，即与产品没有直接关联的费用也纳入产品成本之中。这样将会导致完全成本法在企业财务成本核算及财务报表核算上的一些独特性结果，而这一独特性结果也将造成完全成本法与其他财务成本核算方法的较大差别，这是在学习完全成本法时要高度关注的。之后，我们将列举较多实例来说明依据完全成本法的产品成本核算结果对企业经营报表的影响。

二、依据完全成本法的企业利润财务报告

1. 多步式利润表格式

在标准的财务会计中,利润财务报告(利润表)是依据完全成本法做出的。多步式利润表示列见表1-1。

表1-1 多步式利润表示例

项目	本年金额/元	上年金额/元
一、营业收入		
减:营业成本		
营业税金及附加		
销售费用		
管理费用		
财务费用		
资产减值损失		
加:公允价值变动收益(损失以"-"号填列)		
投资收益(损失以"-"号填列)		
其中:对联营企业和合营企业的投资收益		
二、营业利润(亏损以"-"号填列)		
加:营业外收入		
减:营业外支出		
其中:非流动资产处置损失		
三、利润总额(亏损总额以"-"号填列)		
减:所得税费用		
四、净利润(净亏损以"-"号填列)		
归属于母公司所有者的净利润		
少数股东损益		
五、每股收益		
(一)基本每股收益		
(二)稀释每股收益		

利润表的作用是以表格的形式反映出企业的经营成果,有多种不同的结构,目前比较普遍的利润表结构为多步式利润表。

多步式利润表的优点在于能够清晰地看到企业经营损益的全过程,能够分步看出各种收入的来源及贡献大小,也可以看出各类成本的支出情况,并且每一项数据可与上一年同期进行比较,便于对企业的生产经营情况进行分析,也有利于对不同企业进行数据比较。更重要的是,多步式利润表有利于预测企业今后的盈利能力。目前,我国企业会计制度规定的利润就是多步式结构。

下面对利润表做一些解释与说明。

(1)合同额

合同额是指在市场销售中当期所签署的合同金额总额。某一产品的经营合同,只要合同双方签字、盖章后,合同就生效了。该合同的金额即可纳入合同额。需要注意的是,合同额并不等于销售额。

(2)销售额

销售额是指在当期已完成产品或服务交付的合同总金额。合同的履行就是产品和服务的交付,意味着该合同产品和服务已生产完毕,并已经发货,且对方已收到并有签收凭证。销售额发生的标志是合同中产品和服务的所有权已发生转移。销售额的确认并不以全额收回货款为标志。这里的销售额是含增值税的销售额。

(3)营业收入

营业收入是扣除增值税后不含税的销售额。我国一般企业的增值税税率为13%,且增值税是价外税,其只在不含税的销售额中计税,即只在营业收入上征收增值税。

$$营业收入=销售额 \div (1+13\%)$$

(4)营业成本

由于采用完全成本法,营业成本为直接材料、直接人工和制造费用(含变动和固定制造费用)。

(5)毛利额

$$毛利额=营业收入-营业成本$$

(6) 毛利率

$$毛利率=（营业收入-营业成本）\div 营业收入$$

(7) 期间费用

期间费用也称三项费用。三项费用分别为销售费用、管理费用和财务费用。

(8) 销售费用

销售费用是指企业在销售产品、提供服务等日常经营活动中发生的各项经费及专设销售机构所开销的各项经费。销售费用包括运输费、装卸费、包装费、保险费、展览费、广告费、租赁费及为销售本企业产品而专设的销售机构的职工工资、福利费、业务招待费等。

(9) 管理费用

管理费用是指企业行政管理部门为组织和管理生产经营活动而发生的各种费用。管理费用包括工会经费、职工教育经费、业务招待费、印花税等相关税金、技术转让费、无形资产摊销、咨询费、诉讼费、开办费摊销、坏账损失、聘请中介机构费、研究开发费、劳动保险费、待业保险费、董事会会费及其他管理费。

(10) 财务费用

财务费用是指企业为筹集资金所发生的费用。财务费用包括贷款利息费用和汇兑损失等。

(11) 营业利润

$$营业利润=营业收入-营业成本-营业税金及附加-$$
$$销售费用-管理费用-财务费用-资产减值$$

(12) 利润总额

$$利润总额=营业利润+（-）营业外收入（支出）$$

(13) 净利润

$$净利润=利润总额-所得税费用$$

(14) 每股收益

每股收益即每股盈利，指税后利润与股本总额的比率。

2. 多步式利润表案例解读

某企业年度财务报告中的利润表示例见表 1-2。通过对表 1-2 中多步式利润表的解读，读者便能读懂利润报表，理解企业净利润的产生过程，为更好地理解完全成本法打下基础。

表1-2 某企业年度财务报告中的利润表示例

项目	本年金额/元	上年金额/元
一、营业收入	3500000	
减：营业成本	2500000	
营业税金及附加	150000	
销售费用	200000	
管理费用	300000	
财务费用	100000	
资产减值损失		
加：公允价值变动收益（损失以"-"号填列）		
投资收益（损失以"-"号填列）		
其中：对联营企业和合营企业的投资收益		
二、营业利润（亏损以"-"号填列）	250000	
加：营业外收入	50000	
减：营业外支出		
其中：非流动资产处置损失		
三、利润总额（亏损总额以"-"号填列）	300000	
减：所得税费用	99000	
四、净利润（净亏损以"-"号填列）	201000	
归属于母公司所有者的净利润		
少数股东损益		
五、每股收益		
（一）基本每股收益		
（二）稀释每股收益		

从表1-2中可以得到以下财务信息。

（1）年度营业收入

该企业的年度营业收入共为3500000元，其中，主营业务收入为3000000元，其他业务收入为 500000 元。这是该企业生产和经营产生的总收入。企业除营业收入外，还有投资收益、营业外收入等。

（2）营业毛利润

将营业收入（主营业务和其他业务）减去营业成本（主营业务和其他业务成本）即为营业毛利润。该企业的营业毛利润为 3500000-2500000=1000000（元）。这里的营业成本就是产品成本（直接人工、直接材料和制造费用）。

（3）营业利润

营业毛利润额减去 3 项期间费用（销售费用、管理费用和财务费用），减去营业税金及附加，加上投资收益。在此案例中，营业利润为 1000000-150000-200000-300000-100000=250000（元）。

在此案例中的投资收益为 0，如果有投资收益，将增加营业利润；如果投资亏损，将减少营业利润。

（4）利润总额

营业利润加上营业外收入，再减去营业外支出后即为利润总额。此案例中有 50000 元的政府补助，所以利润总额为 300000 元。需要注意的是，并不是所有的政府补助都能做成营业外收入，这是由政府资金的拨款性质决定的。

（5）净利润

利润总额减去所得税后为净利润。此案例中所得税为 99000 元，所以净利润为 201000 元。

第三节　变动成本法

一、产品变动成本管理

对变动成本的控制和管理之所以重要，是因为产品的变动成本是与产品紧密关联的，产品总的变动成本与产品数量是线性关系。也就是说，在产品单价和销售数量不变时,产品的毛益贡献①总额与单位产品变动成本也是线性关系,在生产数量大时,控制变动成本的收益也会变得较大。例如,某企业一年生产 50000000 部手机,如果每部手机的变动成本降低 1 元,当期增加的毛益贡献就是 50000000 元。因此,严格控制产品变动成本,加强对产品变动成本的管理,就可以有效提高产品的利润。即使是产品的混合成本,也应将其尽量分解后纳入产品变动成本的管理范畴中,使产品成本的管理过程更严格、更有效。但很多高新技术企业都没有认真区别产品的变动成本和固定成本,有的企业仅简单地将生产成本划为变动成本,将期间费用划为固定成本。无论是以上哪种简单的做法,都会对高新技术企业的成本管理产生极为不利的影响。

二、将成本按性态分类

变动成本法是管理会计中常用的成本核算方法,按成本性态进行成本分类管理。成本性态是指成本总额与产品产量之间的依存关系。成本按性态分类,可分为固定成本、变动成本与混合成本三大类。

1. 固定成本

固定成本是指在特定的产品产量范围内,成本总额不受产品产量变动的影响,能保持相对稳定的成本。例如,固定的月工资、固定资产折旧、取暖费、财产保险费和广告费等。

某型号产品在批量生产时,产品固定成本总额虽然不随产品的生产数量的变化而发生相应的变化,但就某型号单位产品的总成本而言,其固定成本在该单位产品的总成本中所占的绝对值反而是一个变化值,单位产品成本中的固定成本随该产品生产数量的增加(或减少)而减少(或增加)。这是由固定成本的性态所决定的。因为固定成本的总额不随该产品生产数量的变化而发生相应的变化。当生产数量增加时,每个单位产品所分摊的固定成本就会

---

① 采用完全成本法来核算产品成本时(财务会计的惯用术语):
  毛利额=营业收入−营业成本;毛利率=(营业收入−营业成本)÷营业收入。采用变动成本法来核算产品成本时,由于完全成本法与变动成本法核算的产品成本有差异,为避免混淆,在管理会计中将毛利额称为毛益贡献,毛利率称为毛益贡献率,这是管理会计的惯用术语。

下降，反之，当生产数量减少时，每个单位产品所分摊的固定成本就会上升。因此，降低单位产品中固定成本绝对值的有效的方法就是扩大该产品的生产数量。

本小节对产品的固定成本的定义给予了解释，但这种定义也不是绝对不变的。例如，产品固定成本总额按定义应不随产品生产数量的变化而变化，但当产品生产数量增加额较大时，原有的生产厂地将不能满足生产需求，原有的管理机构、人员等也不能满足生产需求，此时需要做的是扩大厂房，增加管理机构和管理人员等，这样做的结果就会发生固定成本总额的变化。因此，我们所说的固定成本总额不随产品生产数量的变化而变化，是指在一定的产品数量范围之内，当这一数量范围突破某一界线后，固定成本总额就会发生一次改变，以适应新的产品数量变化范围。在这个新的产品数量变化范围之内，新的固定成本总额不随生产数量的变化而变化，因此会达到新的平衡。

总而言之，固定成本有两个特点：一是在相关范围内，其成本总额不受产品产量增减变动的影响；二是从单位产品分摊的固定成本绝对值来看，它随产品产量的增加而相应地减少。为便于理解固定成本的特点，举以下示例来说明。

某企业只生产一种产品，每月发生固定成本 6000 元。产品产量在相关范围内变动，产品产量与固定成本的关系见表 1-3。将表 1-3 中的数值用图形表示更利于直观理解。产品产量与固定成本总额的关系如图 1-2 所示，它是与横轴平行的一条直线。产品质量与单位固定成本的关系如图 1-3 所示，它是一条产品成本与产量成反比的曲线，产品产量越高，单位产品固定成本越低，反之亦然。

表 1-3 产品产量与固定成本的关系

产品产量/件	固定成本总额/元	单位固定成本/元
1000	6000	6.00
2000	6000	3.00
3000	6000	2.00
4000	6000	1.50
5000	6000	1.20
6000	6000	1.00

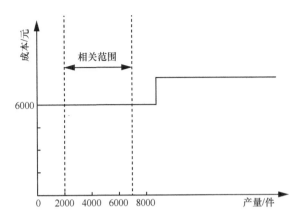

图 1-2 产品产量与固定成本总额的关系

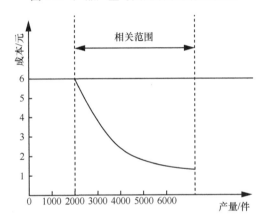

图 1-3 产品产量与单位固定成本的关系

一般来说，固定成本的发生额有以下两种情况。

一是提供和维持生产经营所需设施、机构而支出的成本。例如，厂房、办公楼、设备、仪器仪表等固定资产折旧及管理人员工资等。其支出额取决于设施和机构的规模和质量，它们是以前决策产生的结果，现在已很难改变。这种不能通过当前的管理决策行动加以改变的固定成本称为约束性固定成本或承担固定成本。约束性固定成本给企业带来的是能持续一定时间的生产经营能力，而不是产品。因此，它实质上是生产经营能力成本，而不是产品成本。如果企业不改变生产能力，就必须承担这些成本。约束性固定成本属于企业"经营能力"成本，是企业为了维持一定的产品产量所必须负担的最低成本。要想降低约束性固定成本，只能从充分利用已有的经营能力、降低单位产品固定成本入手。

二是为完成特定的经营活动而支出的固定成本，其发生额是根据企业的经营方针由经营决策决定的。例如，产品开发费、广告费和职工培训费等。这种可以通过管理决策行动而改变数额的固定成本称为酌量性固定成本。它们的支出额虽然是由经营决策决定的，但对于一家想要长期稳定发展的企业来说，这绝不是可有可无的。因为企业的经济效益是难以准确计量的，这个固定成本最佳的合理支出额不容易计算，所以要由经营决策进行综合判断，以决定其预算数额。酌量性固定成本关系到企业的竞争能力，也是一种提供生产经营能力的成本，而不是生产产品的成本。从某种意义上来说，不是产品产量决定酌量性固定成本，反而是酌量性固定成本影响产品产量，因为广告宣传、技术改进和开发新产品都会扩大产品销路或提高工作效率。由于酌量性固定成本通常按预算来支出，而预算是按计划期编制的，所以预算一经确定，这类成本的支出额便与时间相关联，而与产品产量无关。

2. 变动成本

变动成本是指在特定的产品产量范围内成本总额随产品产量变动而发生正比例变动的成本，例如，直接材料、直接人工和外部加工费等。这类成本直接受产品产量的影响，二者保持正比例关系，比例系数稳定。这个比例系数就是单位产品的变动成本。

一个完整的产品生产过程由若干个生产环节组成，产品在每个生产环节中，都会产生相应的产品变动成本，一个产品的总生产变动成本为该产品在整个生产过程中各生产环节所发生的变动成本之和。简而言之，产品变动成本总额是随产品的生产数量变化而发生变化的成本。

从宏观角度出发，在批量生产某型号产品时，产品的变动成本总额会随产品的生产数量变化而发生相应的变化，但就某型号单位产品的成本构成而言，其变动成本在该单位产品的总成本中所占的绝对值反而是固定值，单位产品的变动成本不会因为该产品的生产数量变化而发生变化。

一般情况下，某一单位产品中变动成本的绝对值是不随产品生产数量的变化而发生变化的，但当产品的生产数量增加得非常大时，生产该产品所需的原材料、物料的采购成本就会下降，从而造成单位产品成本中变动成本的绝对值会随产品生产数量的增加而下降，但这个下降后的变动成本绝对值又会适应一个新的产品生产数量范围,在这一新的产品数量范围内,新的变动成本又会重现变动成本原来的性态,达到新的平衡。

总而言之,变动成本有两个特点:一是产品变动成本总额随产品产量的增减呈比例增减;二是从单位产品的变动成本绝对值来看,它不受产品产量变动的影响,其绝对值数额始终在某一特定的数额。

为了便于理解产品变动成本的特点,举以下示例说明。

某企业只生产一种产品,单位产品的变动成本为 10 元,在产品产量变动时,产品产量与变动成本的关系见表 1-4。为便于直观地理解,将表 1-4 用图形来显示,产品产量与产品变动成本总额的关系如图 1-4 所示,它是一条斜率等于单位产品变动成本的直线。产品产量与单位产品变动成本的关系如图 1-5 所示,它是一条与横轴平行的直线,直线到横轴的距离等于单位产品变动成本。

表 1-4 产品产量与变动成本的关系

产品产量/件	产品变动成本总额/元	单位产品变动成本/元
1000	10000	10
2000	20000	10
3000	30000	10
4000	40000	10
5000	50000	10
6000	60000	10

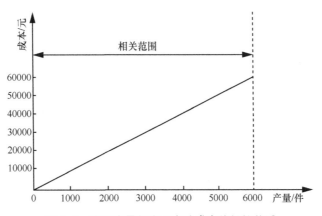

图 1-4 产品产量与产品变动成本总额的关系

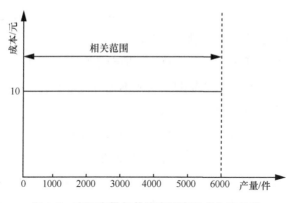

图 1-5 产品产量与单位产品变动成本的关系

如果用方程式表示，设 x 代表产品产量，b 代表单位产品变动成本，则有以下关系。

$$产品变动成本总额=bx$$

本例中单位产品变动成本为 10 元，即 $b=10$，产品变动成本总额$=10x$。

如前所述，产品变动成本的发生总额取决于产品产量的大小和单位产品变动成本的高低。产品产量是根据市场需求、企业资源状况及经营决策决定的。那么，单位产品变动成本高低是由什么决定的呢？

单位产品变动成本的生成原因有以下两种。

一是由产品的实物构成和生产工艺过程关系决定的。例如，生产一部智能手机就必须有一块彩色显示屏、一个摄像头、一块电池、一块主板……这些都是构成一部智能手机所必需的，缺一不可。每多生产一部手机也要多消耗一块彩色显示屏、一个摄像头、一块电池、一块主板，也要在产品变动成本总额中增加这部手机的变动成本，哪怕这部手机在年产 10000000 部手机的总产量中微不足道。手机的生产作业流程是保证一部合格手机能被生产出来的必须过程，而这一生产过程中所发生的与每一部手机作业工作量有直接关系的生产成本，也是单位产品变动成本发生的原因之一。这类成本是利用生产能力所必须发生的成本，固定成本给企业带来生产能力，如果不加以利用，企业也不会多产生产品；变动成本则不然，如果不多生产产品，就不会发生此类变动成本，生产能力利用得越充分，这种成本发生得越多。

二是因为企业经营决策者为提高产品质量、产品性能和产品竞争能力等所增加的附加成本。例如，经营决策者为提高产品的质量等级，把原仅在产品出厂前安排的产品质量检验把关口延伸到从直接材料的检验到各生产工序的检验，且仍保留出厂前的产品检验，由于检验的工作量（涉及检测仪表和检测人员）与产品产量密切相关，为线性比例关系，所以这类因经营决策者的决策而增加的与产品产量相关的成本也是变动成本的生成原因之一。

这种成本的作用主要是为了提高竞争能力或改善企业形象，其最佳的合理支出难以计算，通常要依靠企业管理人员的综合判断来决定。管理人员的决策一经做出，这种成本支出额将随业务量呈正比例变动，具有变动成本的同样特征。

如果把成本分为固定成本和变动成本两大类，产品产量增加时固定成本不变，只有变动成本总额随产品产量增加而增加，那么总成本的增加额是由于变动成本增加而引起的。因此，变动成本是产品生产的增量成本。

【例1-1】 企业只生产一种电子产品，每月固定成本为50000元，单位产品变动成本为100元，那么，生产2000件该产品时的总成本如下。

$$50000+2000\times100=250000（元）$$

生产2001件该产品时总成本如下。

$$50000+2001\times100=250100（元）$$

生产1999件该产品时总成本如下。

$$50000+1999\times100=249900（元）$$

当增产一件该产品时，变动成本增加100元，使总成本增加100元，因此，可以认为企业为增产第2001件该产品只追加了100元成本，只有这100元才是真正为这件产品而支出的成本。固定成本50000元成本与这件产品无必然联系，无论是否生产这件产品它们都要发生。如果减少一件该产品，总成本只减少100元。依此类推，我们会发现只有这100元才是真正属于每件产品的成本。当产品产量增加时，总成本的增加是由变动成本增加引起的，变动成本的增量就是总成本的增量。

3．混合成本

混合成本是指总成本虽然受产品产量变动的影响，但变动幅度并不随产品产量的变化保持严格的比例关系,这表明这个成本同时包含了固定成本和变动成本的成分。一般情况下,应先将混合成本合理地分解成变动成本和固定成本,然后再分别按变动成本和固定成本来管理。

混合成本的情况比较复杂,需要进一步分类。进一步分类的方法很多,一般来说,可以将其分为以下4个类别。

(1) 半变动成本

半变动成本是指在初始基数的基础上随产品产量正比例增长的成本。例如,电费和电话费等公用事业费、燃料、维护和修理费等多属于半变动成本。这类成本通常有一个初始基础,一般不随产量变化,相当于固定成本。在此基础上,成本总额随产品产量变化呈正比例变化,又相当于变动成本。这两部分混合在一起,构成半变动成本。半变动成本包含固定成本和变动成本两项因素。半变动成本如图1-6所示。

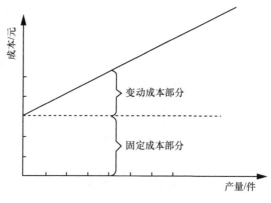

图1-6 半变动成本

(2) 阶梯式成本

阶梯式成本是指总额随产品产量呈阶梯式增长的成本,亦称步增成本或半固定成本。例如,受开工班次影响的动力费、整车运输费用和检验人员的人工成本费用等。这类成本在一定产品产量范围内,成本发生额不变,当业务量增长超过一定限度时,其发生额会突然跳跃到一个新的水平,然后在产品产量增长的一定限度内,其成本发生额又保持不变,直到另一个新的跳跃为止。阶梯式成本如图1-7所示。

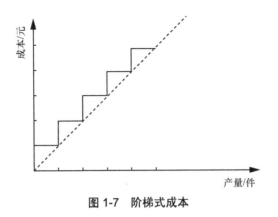

图 1-7 阶梯式成本

对于阶梯式成本，可根据产品产量变动范围大小，分别归属于固定成本或变动成本。如果产品产量变动的范围是在一个小阶梯内变化，其发生的成本可视为固定成本；如果产品产量变动的范围在大范围内变化，其发生的成本可视为变动成本，如图 1-7 中虚线所示。

4．混合成本的处置

混合成本在成本的性态中是客观存在的，本书介绍了 4 种混合成本的函数关系，试图把混合成本合理地分解成固定成本和变动成本。但在实际的应用中，混合成本的情况比以上 4 个类别要复杂得多。但无论多复杂，在企业实际中采用变动成本法进行成本归集、分配和核算时，混合成本最终是一定要分解为变动成本和固定成本的，否则就无法使用变动成本法。混合成本的分解不外乎 3 种路径：一是将某项混合成本按其近似程度全部归集为变动成本；二是将其全部归集为固定成本；三是将其分解开，其中一部分归集为变动成本，另一部分归集为固定成本。这主要是因为在按变动成本法进行产品成本核算时，只有变动成本和固定成本这两个状态。

很多介绍变动成本法的管理会计图书介绍了数理统计方法，通过对大量实际产品成本性态的数据分析，设法找出混合成本的统计规律，以得到相应的函数公式。但编者认为，在实际的工程实践中是难以真正依靠数理统计的方法进行混合成本有效分解的，过于理论化的方法是没有现实意义的。但混合成本的确会严重影响变动成本法的有效应用，作者根据多年的实践经验，认为最有效的分解方法还是应依据混合成本产生的原因、作业流程性质和管理模式等几个因数，根据产品的作业过程、性质来追溯、分解混合成本，只有这种方式才是真正实用的。

三、变动成本法核算流程

变动成本法是将所有成本按成本性态区分为变动成本与固定成本两大类,然后只将其中的变动成本计入产品成本,而将固定性制造费用和固定性非制造费用均作为期间成本,从当期的毛益贡献中减除。变动成本法的成本核算流程如图1-8所示。

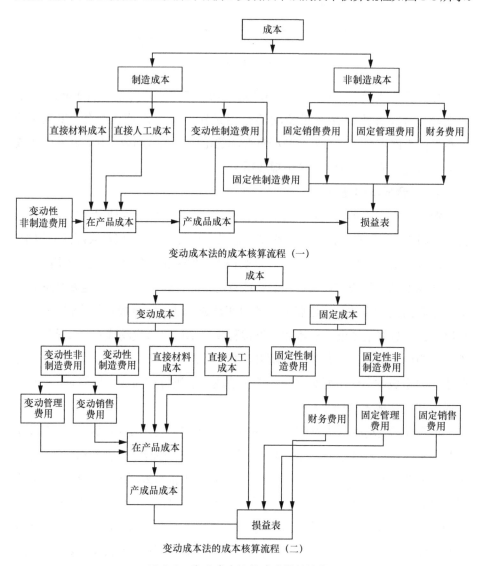

图1-8 变动成本法的成本核算流程

将图 1-1 与图 1-8 对比后发现，完全成本法与变动成本法在产品成本组成上的差别在于处理固定性制造费用的不同：前者把本期已销售产品中的固定性制造费用转作本期销售成本，未销售部分应负担的固定性制造费用则递延到下期；后者则把本期发生的固定制造费用全额作为期间成本，列入损益表，从当期的销售收入中直接扣减。

在计算产品成本和存货成本时，变动成本法之所以只包括产品在生产过程中所消耗的直接材料、直接人工和变动性制造费用，而将固定性制造费用作为期间成本，全额列入损益表，从当期的销售收入中扣除，这样做的理由是产品成本和期间成本是两个不同的概念，应明确区分。产品成本是指在产品生产过程中发生的，随产品产量的变化而变动，根据这一原则，只有直接材料、直接人工、变动性制造费用、变动性非制造费用是在产品生产、经营过程中发生的，这些成本随产品产量变动，因此产品成本只包括以上这些。固定性制造费用主要是为企业提供一定的生产经营条件而发生的，这些生产经营条件一经形成，不管其实际利用程度如何，有关费用照样发生，同产品的实际生产没有直接联系，并不随产品产量的增减而增减。也就是说，这部分费用所联系的是会计期间，而不是产品，它只随着时间的推移而逐渐消逝，其效益不应递延到下一个会计期间，而应在费用发生的当期全额列作期间成本，从本期的销售收入中直接扣减。这一观点与完全成本法是有明显区别的。

四、依据变动成本法的产品型号利润管理报告

完全成本法核算的是企业的营业成本，因此采用完全成本法只能编制企业的利润表，变动成本法与完全成本法不同。由于变动成本法核算的是每个产品型号自身的成本，所以依据变动成本法可以编制每个产品型号的利润管理报告。变动成本法的产品型号利润管理报告见表 1-5。

表 1-5 为变动成本法的产品型号利润管理报告。在表 1-5 中，单位产品型号销售收入是单位产品型号的销售额扣除增值税后的收入；销售数量是该产品型号的销售数量总额；产品型号销售收入是该单位产品型号乘以销售数量总额后的该产品型号的总销售收入；生产变动成本是该产品型号在生产（制造）环节中发生的变动成本总额；销售变动成本是该产品型号在销售环节发生的变动

成本总额；服务变动成本是该产品型号在售前、售后服务环节发生的变动成本总额；毛益贡献的含义是指该产品对盈利的贡献的能力。当毛益贡献为正时，表明该产品对经营盈利能够产生贡献，毛益贡献值越大，产品盈利能力越强。当毛益贡献为负时，该产品一定是亏损的。

表 1-5　变动成本法的产品型号利润管理报告

单位产品型号销售收入	三、产品型号营业利润
一、销售数量	减：产品型号所得税
产品型号销售收入	四、产品型号净利润
减：生产变动成本	
销售变动成本	
服务变动成本	
二、毛益贡献	
减：生产固定成本	
销售固定成本	
管理固定成本	
财务固定成本	
分摊的固定成本	

该产品型号的营业利润是毛益贡献减去该产品型号在生产、销售、管理、财务环节中的固定成本及应分摊的公司固定成本后的结果。

第四节　对完全成本法和变动成本法的评价

一、完全成本法的优缺点

1. 完全成本法的特点

完全成本法是依据成本的经济用途，将成本分为制造成本和非制造成本。制造成本全额定义为产品成本，而非制造成本即便是因为某产品而发生的，也不再将其追溯、归集到产品成本之中。非制造成本统称为期间费用，其一并在当年的经营损益中扣除。完全成本法已成为会计准则中的产品成本核算方法。

即便完全成本法在对产品的成本管理中存在诸多问题,但完全成本法在财务会计中的地位也是不能被替代的。

2. 完全成本法的优点

① 完全成本法对产品成本的核算方法简单明了,其将所有在制造环节内发生的成本均作为产品成本来处理。完全成本法以此可以统一所有不同行业中产品成本的核算方法,以完全成本法作为产品成本核算的依据后,无论什么样的行业、什么类型的企业,其利润表的格式均可做到统一,形成财务会计的统一语言。

② 完全成本法作为财务会计的成本核算方式已纳入会计准则,成为通行的标准。标准财务报告的成本核算方法是每家企业在财务报告的编制中都必须采用的成本核算方法,完全成本法有广泛的应用市场。

3. 完全成本法的缺点

① 完全成本法将固定制造费用分摊给不同的产品,这种成本费用分摊方式难以真实地反映各种产品实际发生的成本额。

② 由于完全成本法将固定制造费用分摊在不同产品的产成品、在产品、库存产成品后,固定制造费用也进入产品成本中,所以导致完全成本法对成本信息的扭曲,使财务报告不能完全真实地反映企业当期的经营状况,使完全成本法不再适合作为企业内部成本控制、成本管理的方法,企业管理者也不能仅依据完全成本法得到的财务信息进行企业内部的决策管理。

③ 完全成本法没有将已发生在销售及服务环节中的、与产品密切相关的成本归集到产品成本之中,这样极不利于对产品成本的精确管理,又会导致企业期间费用的高涨。

④ 制造成本中的固定制造费用及企业的期间费用都是采用完全成本法后在企业财务中形成的两个巨大的成本"大锅饭"。这两个成本"大锅饭"的最大特征是其巨大的成本、费用都与产品脱离了联系,也就割断了企业降低产品成本的路径。

⑤ 在完全成本法中,当按产品型号进行财务独立核算时,因制造成本中的固定制造费用及企业的期间费用都要分摊到各个产品型号中进行核算,而被分摊的费用又与该产品失去了相关性,因此这样极不利于进行分产品型号的财务独立核算。

⑥ 在完全成本法中,因为在产品的成本中包含固定的制造费用,所以其

单位产品的成本会随产品产量的变化而变化，从而导致产品的成本、数量、利润之间不再是线性关系，这极不利于企业的经营管理。

二、变动成本法的优缺点

1. 变动成本法的优点

① 变动成本法提供的成本资料能较好地符合企业生产经营的实际情况，容易被管理部门理解和掌握。

② 变动成本法能直接提供每种产品的变动成本，可依此直接进行分产品型号的盈亏核算，有利于管理人员的决策分析。

③ 变动成本法便于分清各部门的经济责任，有利于对成本的控制与业绩的评价。

④ 变动成本法简化了产品成本计算。

⑤ 变动成本法特别适用于那些生产周期短、生产数量大的产品进行成本降低、成本控制的管理。

⑥ 变动成本法可将产品的变动成本追溯、分解到成本所发生过程中的班组，并可精确核算出每个生产环节中所发生变动成本的具体数额，将原本在生产环节中的各成本中心均转换为虚拟利润中心进行管理，从而可实现企业的全面价值管理。

2. 变动成本法的缺点

① 变动成本法不太符合传统的成本概念的认识。因为按照传统的观念，产品成本应该包括变动成本和固定成本。

② 变动成本法所确定的成本数据不符合通用会计报表编制的要求。

③ 变动成本法最大的缺点在于，用成本性态将成本分类为变动成本、固定成本时存在一定盲区，即存在混合成本。当混合成本数额较大时，会严重影响变动成本法的实施。企业在进行实际成本核算时，如果混合成本所占的比重较大，又不能有效分解混合成本，这时无论是把混合成本全部视为固定成本来核算，还是把混合成本全部视为变动成本来核算，都会失去变动成本法的精确核算优势，严重误导管理者的决策、管理。

④ 变动成本法适用于生产周期短、生产数量大的产品，其不适合对那些生产周期很长、重复度很低、生产数量很小的工程或产品进行成本管理。

本章小结

本章阐述了财务会计、管理会计和成本会计三者各自的职能和三者之间的关系。财务会计主要体现的是社会职能，财务会计为企业外部的财务信息使用者提供企业的财务信息；管理会计主要体现的是企业内部的产品经营管理职能，为企业内部的管理者提供经营管理信息；成本会计分别向财务会计、管理会计提供有关产品成本的基础财务信息。财务会计获得产品成本信息的目的是按财务准则核算财务报表，与产品成本信息直接相关的财务报表是利润表（损益表）；而管理会计获得产品成本信息的目的是制定降低产品成本的各项策略及各种经济决策。财务会计和管理会计不能互相替代，二者各有所用，是相互补充的关系。

完全成本法是财务会计中主要的成本核算方法，按经济用途将成本分为制造成本和非制造成本（期间费用），在产品的制造成本中，包含了固定性的制造费用。由于完全成本法已成为世界通行的会计准则，所以所有企业的财务报表都采用完全成本法进行成本核算。

变动成本法是管理会计中主要的成本核算方法，按成本的性态把成本分为变动成本和固定成本。在变动成本法中，产品的成本只由变动成本组成。在实际工程实践中，有时客观存在一种混合成本，混合成本的存在极大影响了变动成本法的有效实施，需要找到便捷有效的方法将混合成本分解成固定成本和变动成本。这样变动成本法才能有效地发挥作用。管理会计的财务管理报表是根据企业的产品、经营特点量身定制的，其采用的变动成本法必然也是与产品紧密相关的，因此财务管理报表及产品的变动成本管理报表是完全个性化的，虽然二者都有很好的管理功效，但是不同的企业不能通用。

 **思考题**

1. 财务会计与管理会计的本质区别是什么？二者能够相互替代吗？为什么？

2. 为什么在利润表中不计入销售额?销售额与销售收入有什么区别?
3. 完全成本法中的固定制造费用为什么会成为产品成本的"大锅饭"?
4. 变动成本的本质特征是什么?单位产品中变动成本为什么是常数?
5. 固定成本的本质特征是什么?单位产品中固定成本为什么是变数?
6. 混合成本为什么对变动成本法有害?

第二章
作业变动成本法

要想对产品进行经济决策，首先应掌握分析、核算产品成本的机理与方法。本章讲解了对成本核算的完全成本法及变动成本法。完全成本法的核算对象是企业组织，属于财务会计范畴；变动成本法的核算对象是产品，属于管理会计范畴。管理会计对产品成本的核算除了变动成本法外，还有作业成本法、作业变动成本法。这些成本核算方法各有所长，读者在使用时要学会扬长避短。

通过第一章可知，与完全成本法相比，采用变动成本法进行产品成本的核算有许多优势：除了可以更真实地反映产品成本、存货价值及年度经营情况外，变动成本法还有一大优势是其管理理念和模式容易被企业管理者接受。目前，变动成本法越来越得到重视，其应用前景广阔。

要使变动成本法在企业成本管理中发挥更大的作用，就必须做到对产品变动成本的精确化管理，要进一步量化、分解混合成本，要更大比例地从混合成本中提取出变动成本。如果不能进一步分解混合成本，在用变动成本法进行成本核算时，该混合成本就必须纳入固定成本中。由于固定成本具有成本"大锅饭"性质，成本一旦纳入固定成本中，成本就与产品类别、生产环节、作业流程失去了关联，将成为最不容易进行精确控制和管理的成本。因此在采用变动成本法时，首先要解决的问题就是要找到切实有效的方法，将混合成本分解为变动成本和固定成本，以提高变动成本法的管理精度。

本章通过分解产品生产作业流程的方法，找到最合适分解混合成本的工程实践方法，从而提高变动成本法的应用范围。在探讨分解混合成本的有效方法之前，先介绍一下作业成本法的原理。

第一节　作业成本法

一、作业成本法的理念与特点

作业成本法是将间接成本和辅助费用更准确地分配到产品和服务中的一种成本计算方法。依据作业成本法的观念，产品（包括提供的服务）是通过一系列的作业过程生产出来的,产品成本是全部作业所消耗资源的总和,产品消耗全部作业的成果。在计算产品成本时,首先按经营活动中发生的各项作业来归集成本,计算出作业成本;然后再按各项作业成本与成本对象(产品或服务)之间的因果关系,将作业成本分配到成本对象,最终完成成本计算过程。

在作业成本法下,直接成本可以直接计入有关产品,与变动成本法并无差异,只是作业成本法定义的直接成本的范围比变动成本法要大,凡是可方便地追溯到产品的材料、人工和其他成本,都可以直接归属于该产品,尽量减少不准确的分配。如果不能直接追溯到产品的成本,则先追溯有关作业或分配到有关作业,计算作业所消耗的成本,然后再将作业成本分配到有关产品。从作业成本法归集成本的方式来看,其并没有按成本的性态来归集,所以作业成本法是有别于变动成本法的另一种成本核算方法。

二、作业成本法的核算依据

作业成本法的核算依据是作业和成本动因。

1. 作业

作业是指企业中特定组织(成本中心、部门或产品线)重复执行的任务或操作。例如,签订材料采购合同、将材料运达仓库、对材料进行质量检验、办理入库手续、登记材料明细账等。每一项作业都是针对加工或服务对象重复执行特定的或标准化的操作。由若干个相互关联的具体作业组成的作业集合被称为作业中心。

执行任何一项作业都需要耗费一定的资源。资源是指作业耗费的人工、能源和资本资产(仪器仪表和厂房等),而资源的消耗都可折算为成本。任何一项产品的形成都要消耗一定的作业。作业是连接资源(成本)和产品的纽带,它在消耗资源的同时生产出产品。

2. 成本动因

成本动因是作业成本或产品成本的驱动因素。例如,产品产量增加时,直接材料成本总额就增加,产品产量是直接材料成本总额的驱动因素,即产品产量是直接材料的成本动因。再如,检验成本随着检验次数的增加而增加,检验次数就是检验成本的驱动因素,即检验次数就是检验成本的成本动因。在作业成本法中,成本动因分为作业成本动因和资源成本动因两类。

(1) 作业成本动因

作业成本动因是衡量一个成本对象(产品或服务)需要的作业量,是产品成本增加的驱动因素。作业成本动因通过计量各成本对象耗用作业的情况,并被用来作为作业成本的分配基础。例如,每批产品完工后都需要进行质量检验,如果对任何产品的每一批次进行质量检验所发生的成本相同,则检验的"次数"就是检验作业的成本动因。它是引起产品检验成本增加的驱动因素。某一会计期间发生的检验作业总成本(包括检验人工成本、设备折旧、能源成本等)除以检验的次数,即为每次检验所发生的成本。某种产品应承担的检验作业成本,等于该种产品的批次乘以每次检验发生的成本。产品完成的批次越多,则需要进行检验的次数越多,同时应承担的检验作业成本越多;反之,则应承担的检验作业成本越少。

(2) 资源成本动因

资源成本动因是引起作业成本增加的驱动因素,用来衡量一项作业的资源消耗量。依据资源成本动因可以将资源成本分配给各有关作业。例如,产品质量检验工作需要有检验人员、专用的设备,并耗用一定的能源等。检验作业作为成本对象,耗用的各项资源构成了检验作业的成本。其中,检验人员的工资、专用设备的折旧费等成本,一般可以直接归属于检验作业;而能源成本往往不能直接计入,需要根据设备的额定功率(或根据历史资料统计的每小时平均耗电量)和设备开动时间来分配。这里的"设备的额定功率乘以开动时间"就是能源成本的动因。设备开动导致能源成本发生,设备的功率乘以开动时间所得的数值越大,耗用的能源越多。把"设备的额定功率乘以开动时间"这一动因作为能源成本的分配基础,可以将检验专用设备耗用的能源成本分配到检验作业中。

三、作业成本法的主要特点

作业成本法的主要特点是相对于以产品产量为基础的完全成本法而言的。

第二章　作业变动成本法

1. 成本计算分为 3 个阶段

作业成本法的基本指导思想是"作业消耗资源（成本），产品消耗作业"。根据这一指导思想，作业成本法把成本计算过程划分为 3 个阶段。

第一个阶段：将产品的生产按生产流程分成若干作业。

第二个阶段：将作业执行中耗费的资源分派（包括追溯和间接分配）到作业，计算作业的成本。

第三个阶段：根据第二个阶段计算的作业成本归集（包括追溯和动因分配）到各有关产品（或服务）中。

完全成本法分两步进行，中间的成本中心是按部门建立的。第一步除了把直接成本追溯到产品之外，还要把不同性质的各种间接费用按部门归集在一起；第二步是以产品产量为基础，将已归集的间接费用再分配到各种产品。在应用完全成本法时，间接成本的分配路径为"资源→部门→产品"。

作业成本法下成本计算的第一个阶段，事前先确定产品生产的作业流程，将完整的生产过程用各作业环节的顺序集合来表达；第二个阶段，除了把直接成本追溯到产品之外，还要将各项间接费用分配到各有关作业；第三个阶段，按照作业消耗与产品的因果关系，再将作业成本归集到产品。因此，作业成本法下间接成本的分配路径是"资源→作业→产品"。简言之，作业成本法的成本计算分为分解和聚合两大步骤：所谓分解，是"产品→作业→资源（成本）"的分解过程，通过将产品分解成多项作业，又将每一项作业分解成多种资源（成本）的消耗，从而找到追溯产品成本的路径；所谓聚合，是"资源（成本）→作业成本→产品成本"的聚合过程，通过核算出源头的资源（成本）消耗，归集核算出每个作业的成本，再通过多项作业成本的聚合，归集出产品的成本。

2. 成本分配强调因果关系

虽然作业成本法和完全成本法都有间接成本分配程序，但是如何进行成本分配，两者有很大的区别。作业成本法认为，将成本分配到成本对象有 3 种不同的形式：成本追溯、动因归集和分摊。

（1）成本追溯

成本追溯是指把成本直接分派给相关的成本对象。一项成本能否追溯到产品,可以通过实地观察来判断。例如,确认一台电视机耗用的液晶屏、集成电路板、扬声器及其他零部件的数量是可以通过观察实现的。再如,确认某种产品专用生产线所耗用的工时数,也是可以通过观察投入该生产线的工人人数和工作时间实现的。显然,使用追溯方式得到的产品成本是最直观、最准确的。作业成本法强调尽可能扩大追溯到个别产品的成本比例,以减少成本分配引起的信息失真。完全成本法中的直接成本通常仅限于直接人工和直接材料,而将其他成本都归集于制造费用后,再进行统一分配。作业成本法认为,有些"制造费用"的项目是可以直接归属于成本对象的,例如,特定产品的专用设备折旧费等。凡是能够追溯到个别产品、个别批次、个别品种的成本就要追溯,而不要分摊,分摊就是吃"大锅饭"。

(2) 动因归集

动因归集是指根据成本动因将成本归集到各成本对象的过程。生产活动中耗费的各项资源,其成本不是都能追溯到成本对象的。对不能追溯的成本,作业成本法则强调使用动因(包括资源动因和作业动因)归集方式,将成本归集到有关成本对象(作业或产品)。如果使用完全成本法,那么将产品数量作为间接费用分摊唯一的成本动因是不符合实际情况的。采用动因归集,首先必须找到引起成本变动的真正原因,即成本与成本动因之间的因果关系。例如,前面所说的检验作业应承担的能源成本,以设备单位时间耗电量和设备开动时间(即耗电量)作为资源动因进行归集,是因为检验设备的单位时间耗电量和开动时间与检验作业应承担的能源成本之间存在一定的因果关系。再如,各种产品应承担的检验成本,以产品投产的批次数(即质量检验次数)作为作业动因进行归集,是因为检验次数与产品应承担的检验成本之间存在一定的因果关系。动因归集虽然不像追溯那样准确,但只要因果关系建立恰当,成本归集的结果同样可以达到较高的准确程度。

(3) 分摊

有些成本既不能追溯,也不能合理、方便地找到成本动因,只好使用产品产量作为分摊基础,将其强制分摊给成本对象。

作业成本法的成本核算主要使用追溯和动因归集,以尽可能减少不准确的分摊,提供更加真实、准确的成本信息。

3．不同层面的成本动因归集

作业成本法的独到之处在于，把资源的消耗首先追溯或由动因归集到作业，然后使用不同层面和数量众多的作业动因将作业成本归集到产品。采用不同层面的、众多的成本动因进行成本归集，要比采用单一分配基础更加合理，更能保证成本的准确性。作业成本法的成本分解关系如图 2-1 所示。

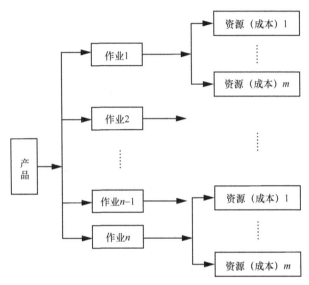

图 2-1　作业成本法的成本分解关系

从图 2-1 可以看出，在作业成本法中，为核算产品的成本，先将产品生产过程中的各种作业梳理出来，然后再分析出每一个作业的各种资源消耗，这样就可将每一个资源的消耗成本都与相应的作业对号入座。通过成本分解图，得到产品所消耗全部作业、作业所消耗资源成本的完整关系图。作业成本法的成本聚合关系如图 2-2 所示。

从图 2-2 可以看出，在作业成本法中的成本核算中，是在成本分解的基础上，根据产品、作业、资源三者间的关系，先核算出每一个资源消耗的成本，再聚合、归集为每一个作业的成本，最后再将若干作业的成本聚合、归集为产品的成本。作业成本法的成本归集、核算是较为精细的，是有作业依据的。

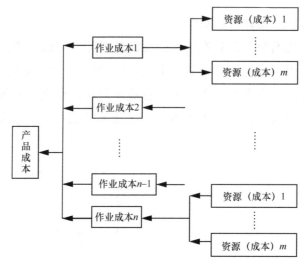

图 2-2 作业成本法的成本聚合关系

第二节 作业成本法与变动成本法的有机融合

一、作业成本法与变动成本法的优缺点

作业成本法不同于变动成本法,但两者极易结合使用。变动成本法的好处是避免了完全成本法对制造费用产生的成本扭曲,但对于混合成本的进一步追溯不够,在混合成本的比重较大时,变动成本法的准确度不够;而作业成本法对混合成本、间接成本及固定成本等这些比较模糊的成本均可根据其作业成本动因、资源成本动因,进一步追溯到相应的产品上,这是作业成本法的贡献。

1. 作业成本法的优缺点

(1) 作业成本法的优点

① 可以获得更准确的产品和产品线成本。一方面作业成本法根据产品生产的作业流程来分解、追溯产品成本的来源,扩大了将间接成本追溯到具体产品的成本比例,将部分间接成本分解成直接成本,减少了成本分配对于产品成本的扭曲;

另一方面作业成本法采用多种成本动因作为间接成本的分配基础,使分配基础与被分配成本的相关性得到改善。准确的成本信息可以提高经营决策的质量,包括定价、扩大生产规模、放弃产品线等经营决策。

② 有助于改进成本控制。作业成本法提供了了解产品作业过程的途径,使管理人员知道成本是如何发生的。成本动因的确定使管理人员将注意力集中于成本动因的耗用上,而不只是关心产品产量和直接人工。从成本动因上改进成本控制,包括改进产品设计和生产流程等,可以消除非增值作业,提高作业的效率,有助于持续降低成本和不断消除浪费。

③ 为战略管理提供信息支持。战略管理需要相应的信息支持,价值链分析是企业的重要战略分析工具。价值链分析包括确定当前成本和绩效标准,并评估整个作业链中哪些环节可以增加自身及客户价值、减少成本费用。由于产品价值是由一系列作业创造的,企业的价值链也就是其作业链。价值链分析需要识别供应作业、生产作业和销售作业,并且识别每项作业的成本驱动因素,以及各项作业之间的关系。作业成本法与价值链分析概念一致,可以为其提供信息支持。

④ 为成本领先战略提供决策依据。成本领先战略是企业竞争战略的选择之一,实现成本领先战略,除了规模经济之外,需要有低成本完成作业的资源和技能。这种有别于竞争对手的资源和技能来自对技术创新和持续的作业管理。作业管理包括成本动因分析、作业分析和绩效衡量等,其主要数据来自作业成本计算。

(2) 作业成本法的缺点

① 开发和维护费用较高。作业成本法的成本动因多于完全成本法,成本动因的数量越大,开发和维护费用越高。作业成本法几乎要对所有的成本动因进行分析,包括变动成本、混合成本及固定成本,特别是对固定成本进行产品追溯是非常困难的事情。即使有了计算机和数据库技术,采用作业成本法仍然是一件成本很高的事情。作业成本法只是一项会计创举,而不能通过作业成本数据的使用来改善决策和作业管理,如果依此来提高企业的竞争力,则很可能得不偿失。

② 作业成本法不符合对外财务报告的需要。仅采用作业成本法的企业,

在对外提供财务报表时，因不符合会计准则的要求，需要重新调整成本数据。与变动成本法的调整相比，这种调整不仅工作量大，而且技术难度大，很有可能会出现混乱。

③ 确定产品成本动因比较困难。并不是所有的间接成本都和产品成本动因相关联，有时会找不到与产品成本相关的驱动因素，有时几个假设的驱动因素可能都与产品成本的相关程度不高，有时取得驱动因素的代价太高，此时就会出现武断分配、扭曲产品成本数据的情况。

④ 不利于管理控制。作业成本系统的成本库与企业的组织结构有时会不一致，不利于提供管理控制的信息，因此许多管理人员和会计人员持反对态度。作业成本法倾向于以牺牲管理控制信息为代价，来换取经营决策信息的改善，这降低了会计数据对管理控制的作用。

2. 变动成本法的缺点

第一章已对作业变动成本法的优缺点进行了说明，这里只是相对于作业成本法的优点，归纳一下变动成本法的缺点，看有没有可以取长补短的机会。

变动成本法最主要的缺点是按成本性态来分类，先将成本分为变动成本和固定成本，这是变动成本法进行成本核算的依据。但实际的情况是，在进行成本分类时，经常会出现一类"是是非非"的混合成本，对其无法正常分类，混合成本的客观存在严重干扰了变动成本法的实施。混合成本的数额越大，情况就越严重，在实际操作时难以回避。

二、作业变动成本法在实践中的运用

1. 完全成本法、变动成本法、作业成本法的相互关系

完全成本法是财务会计中对产品成本进行核算的一种类型核算方法；变动成本法、作业成本法是管理会计中对产品成本的核算方法，这两种是另外一种类型的成本核算方法。完全成本法与变动成本法、作业成本法相比，在对产品成本进行核算时各有所长，不能用这一类的方法来取代另一类的方法。正确的做法是在企业内同时采用这两类成本核算方法，用完全成本法作为财务会计的成本核算方法，用以进行企业年度财务报告的核算、编制；用变动成本法或作

业成本法作为对企业产品成本进行控制与管理的核算方法,用以进行企业管理报表的编制。应充分发挥完全成本法及变动成本法、作业成本法各自的长处,取长补短,以形成优势互补的结果。

(1) 变动成本法与作业成本法的相互关系

变动成本法与作业成本法虽然都属于管理会计范畴,但两者也各有自己擅长的适用场合。变动成本法适合用于对那些生产周期短、生产数量大的产品进行成本降低、成本控制的管理;作业成本法适合用于对那些生产周期很长、重复度很低的工程或产品进行成本降低、成本控制的管理,也适合于对那些生产数量较小的产品进行成本降低、成本控制的管理。可以说在管理会计中,变动成本法与作业成本法的适用场合是互补的,要正确发挥变动成本法与作业成本法各自的长处。

(2) 变动成本法与作业成本法的结合使用

变动成本法与作业成本法虽是管理会计中两种完全不同的方法,但这两者极易结合使用。在对那些生产周期短、生产数量大的产品进行成本降低、成本控制管理时,虽然变动成本法可避免在采用完全成本法时对制造费用易产生的成本扭曲,但是其对于混合成本的进一步分解、追溯的能力不强,当混合成本的比重较大时,变动成本法的成本核算准确度就会明显降低;而作业成本法对混合成本、间接成本及固定成本而言,均可根据其作业成本动因、资源成本动因,追溯出成本的习性、数量,也可将这些较模糊的成本进一步追溯到相应产品。如果在变动成本法的成本核算中,用作业成本法来追溯产品中的混合成本,用其把混合成本追溯、分解成为变动成本、固定成本,这时混合成本的危害就被消除了。这样一来,变动成本法的应用领域就会大为扩展。变动成本法与作业成本法的结合是本书的一大特点,本书将变动成本法与作业成本法的结合物称为作业变动成本法。

2. 作业变动成本法的提出

变动成本法的优点很突出,非常适合企业对产品成本进行控制与管理,在企业同时经营多种产品时更是如此。但混合成本的客观存在,严重干扰了变动成本法的有效应用,只有设法将混合成本分解为变动成本和固定成本后,才能消除混合成本对变动成本法的影响。混合成本的分解不是一件容易的事情,在变动成本法中，一般都采用数理统计的方法，从众多实测到的海量数据之中找出其中的规律性，找出近似的函数方程式，来逼近海量数据的分布，进而达到分解混合成本的目的。但这种数理统计技能，并不是所有的财务管理人员都具备的，即便有几个这样的高水平人才，也无法使产品降本工作得到全员推广。

如果采用作业成本法，则将混合成本按作业流程进行分解，即在每一个生产作业流程中，都分析其混合成本的资源消耗动因，通过成本动因的分析，追溯出混合成本中的变动成本。实在追溯不到时，还可利用作业成本法中的动因归集方法，将混合成本分解为变动成本与固定成本。这样就简化了混合成本的分解难度。并且采用作业分解及动因归集方法很容易被各作业环节的管理人员理解，易于推广应用。

本书把变动成本法与作业成本法有机融合后的产物称为作业变动成本法。作业变动成本法的主体仍是变动成本法，它继承了变动成本法的成本核算方法，但作业变动成本法又利用了作业成本法的"产品→作业→资源（成本）"的作业分解方法与"资源成本→作业成本→产品成本"的成本聚合、归集方法，来追溯产品的变动成本和分解混合成本的组成。作业变动成本法的成本分解关系如图2-3所示。

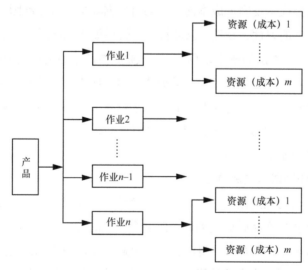

图2-3 作业变动成本法的成本分解关系

从图 2-3 可见，作业变动成本法的成本分解方法、步骤与作业成本法完全相同，可见作业变动成本法吸取了作业成本法的作业分解、资源消耗追溯的原理。作业变动成本法的成本聚合、归集关系如图 2-4 所示。

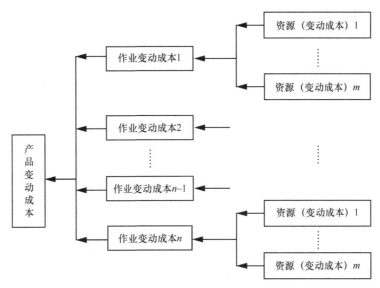

图 2-4　作业变动成本法的成本聚合、归集关系

从图 2-4 可见，作业变动成本法的成本聚合、归集图的结构虽然与作业成本法相同，但作业变动成本法只是从作业、资源中追溯、归集变动成本，而作业成本法是追溯、归集所有与产品有关的成本。综上所述，作业变动成本法利用了作业成本法的成本分解、聚合方法，但作业变动成本法只聚合、归集产品变动成本，简化了作业成本法的成本核算复杂程度。

作业变动成本法的成本核算方法基本流程是在核算产品变动成本时，首先按产品的生产作业流程，把生产过程分解为许多生产作业环节，按每一个生产作业环节追溯、归集出产品的变动成本，再将每个作业环节中的变动成本相加得到总的变动成本，同时将每个作业环节的固定成本及分解不掉的混合成本残值相加后得到总的固定成本；然后再用变动成本法来核算各种经营、管理数据。采用作业变动成本法的最大好处是通过对生产作业环节的细分和对成本生成原因的分析，可有效地将原来的混合成本直接分解成变动成本和固定成本，可将混合成本残值的比例缩减到最小，这将极大地减少变动成本法在核算实施中的困难。

作业变动成本法既保留了变动成本法的优势，又提高了变动成本法的核算精度，而且极大化解了混合成本的影响，同时也避免了作业成本法对固定成本极为复杂的成本追溯。而只使用作业成本法中的单位级、批次级及产品级作业分解方式，不采用作业成本法中的生产维持级作业分解方式，可极大地简化作业变动成本法的成本核算复杂性。本书后面的章节都将采用作业变动成本法进行产品成本的分析及核算，也将基于作业变动成本法进行企业降本工作及成本控制与管理工作。

3．作业变动成本法的优缺点

（1）作业变动成本法的优点

作业变动成本法的优点是将变动成本法的优点与作业成本法的优点综合后的结果。

（2）作业变动成本法的缺点

作业变动成本法的缺点是在变动成本法原有的缺点上，直接去掉因混合成本而导致变动成本法核算不准确这个缺点后，其剩余的缺点就是作业变动成本法的缺点。也就是说，作业变动成本法使变动成本法的缺点明显弱化。

由此可知，作业变动成本法是优化后的变动成本法，作业变动成本法继承了原变动成本法及作业成本法的优点，却明显弱化了原变动成本法的缺点。

第三节　按作业特征分解混合成本

在高新技术企业，产品的技术含量很高，有时产品的组成非常复杂，因此直接判断某一个产品的成本性态是一件很困难的事情。例如，在信息通信领域，通信网络产品是现代通信网络中的主要基础设施，通信网络产品是一个系统级整机设备，一个通信网络设备包括许多不同类型的电路板（例如，射频板、调制解调板、主控板等）。另外，其生产过程也很复杂，有十多个生产环节，可以直接判断的只有两类成本性态：一是通信网络产品的材料成本，因为要生产通信网络产品就必须有产品的材料清单，直接材料费就是典型的变动成本；二是生产所用的厂房及生产线设备、仪器仪表的折旧费，这是典型的固定成本。除这两类成本外，生产过程中还要产生大量的成本，但这些成本的性态是复杂多样的，且许多都是混合成本，混合成本的比重几乎占到通信网络产品成本的30%~40%。如果这么大的成本比重都无法确定其成本的性态，那么采用变动成本法核算的有效性就很差。如果不能有效、准确地分解这部分混合成本，那么只能把这部分混合成本归集到固定成本中，一旦归集到固定成本中，其与产品的关联性就没有了，同时也意味着难以进行精确化管理。

接下来，我们将按照通信网络产品的生产作业流程，把通信网络产品的作业分为12个生产作业环节：生产计划管理、采购管理、装配生产、单板测试、整机测试、系统测试、发货管理、库存管理、中试管理、工程管理、服务管理及质量管理，并对通信网络产品成本的生成动因逐一分析。在此基础上，逐一确定每个环节的变动成本，最终归集出通信网络产品的生产环节变动成本总额。

作业变动成本法是一种非常有效的成本核算方法，其好处不仅在于可以真实地计算出高新技术产品的变动成本，也可以真实地反映公司的经营状态。更为重要的是，通过该方法，可以找到每个生产作业环节降低变动成本的有效措施，并可依此构成企业精确控制、管理成本的完整体系，这就是本书最终想要达到的目的之一。

第四节　产品成本核算方法的选择及运用

一、产品成本核算方法的分类

到现在为止，我们已经学习了完全成本法、作业成本法、变动成本法及作业变动成本法。其中，完全成本法属于财务会计范畴，完全成本法的成本核算对象是企事业单位，核算的是一个组织的经营成本、组织的盈利状况；作业成本法、变动成本法及作业变动成本法都属于管理会计范畴，其成本的核算对象是单一工程、单一产品型号，核算的是单一工程、单一产品型号的全周期、全流程的成本，以及核算单一工程、单一产品型号的年度盈利状况、全生命周期的经济回报。在管理会计的作业成本法、变动成本法及作业变动成本法中，由于作业变动成本法依据作业流程成本动因可有效分解混合成本，明显优于变动成本法，所以作业变动成本法可以完全取代变动成本法，今后再对工程和产品进行成本分析、核算时，只需在作业成本法及作业变动成本法中选择与运用。

面对工科这么多的学科、专业领域，作业成本法及作业变动成本法该如何选择、运用呢？首先必须知道在多学科、多专业领域中工程、产品的生产模式分类，无论是什么学科、专业领域，其工程、产品生产模式大致分为3种类型。第一种类型产品的生产模式特征是产品的生产数量很大、生产步骤多、交付周期短。第二种类型产品的生产模式特征是产品生产数量很大、生产步骤单一、交付周期短，也称为大批量、流水线生产模式。第三种类型产品的生产模式特征是生产数量少、合同金额大、交付周期长，也称为大型工程项目。

针对这3种不同的工程、产品生产模式，其采用的工程、产品成本核算、经济决策方法也不同，前面介绍的这3种不同的工程、产品生产模式所采用的成本核算方法依次为分步法、品种法和分批法。下面分别阐述这3种生产模式工程、产品应采用的成本核算方法。

二、产品成本核算的分步法

分步法是针对生产数量很大、生产步骤多、交付周期短的产品类型，分步法的产品类型是主导型产品类型，其产品生产模式是各类专业中最为普遍、最为常见的产品生产模式，分步法采用的产品核算方法就是我们前面所论述的产品作业变动成本法，作业变动成本法根据产品的全周期、全流程的作业环节，归集、核算产品变动成本、产品固定成本。也可以说，我们前面所叙述的作业变动成本法就是分步法的主要成本核算方法，换言之，作业变动成本法是使用最广泛的产品成本核算方法之一。

三、产品成本核算的品种法

品种法是针对产品生产数量很大、生产步骤单一、交付周期短的产品成本核算方法。品种法的产品类型与分步法相比，唯一的差别是生产步骤单一，由于品种法所针对的产品生产过程比较封闭，在一条封闭的生产流水线上就可完成产品的全部生产过程。品种法在核算产品成本时，除了将生产流水线上的全部直接材料、直接人工计入产品的变动成本外，也可以将该生产流水线上的混合成本，例如仪器仪表折旧费、生产线折旧费、生产线的电力消耗、维修及保障也计为产品的变动成本。品种法所采用的产品核算方法的主体还是我们前面所叙述的产品作业变动成本法，针对品种法生产步骤单一的特点，在这里所采用的作业变动成本法与原来的相比，唯一的差别是不用再分解作业流程的各个环节来分别核算各环节的变动成本，而是将整个生产流水线作为一个作业环节来处理，可以将品种法视为作业变动成本法的一种应用特例，是一种过程简化的作业变动成本法，因此不用专门为品种法再设立一种产品成本核算方法，而只用前面所论述的作业变动成本法就可以完成品种法的成本核算及经济决策。由此可见，作业变动成本法的应用具有广泛性。

四、产品成本核算的分批法

分批法是针对生产数量少、合同金额大、交付周期长的大型工程项目，例如铁路工程项目、大型船舶制造、水电站等，分批法的基本特点如下。

① 成本核算的对象是大型项目的批别。

② 大型项目成本的核算是与项目合同的签订及项目完成时间紧密相关的，因此项目成本计算是不定期的。成本核算期与项目周期基本一致，而与财务报告期不一致。因为分批法针对的是生产数量少、交付周期长的大型工程项目，所以用分批法核算工程项目成本时一般不用作业变动成本法，而是采用前面所叙述的作业成本法。由于这种大型工程项目的数目与分步法、品种法的产品类型、数量相比占比较少，加之这样的大型工程项目的设计、成本核算参与的工程人员众多，不是一个刚毕业的本科生能够独立进行经济决策的，所以分批法

不作为本书的重点。

由于产品作业变动成本法的核算方法简便、易于管理，在面对分批法的大型工程项目时，也可设法将分批法大型工程中的局部工程用作业变动成本法进行产品成本核算，例如在铁路工程项目中，如果以每千米的铁路工程造价来核算成本，就可以把分批法转换为分步法，采用作业变动成本法来核算工程成本。

五、产品成本核算方法的选择及运用

综上所述，面对各个专业领域中五花八门的工程、产品，在决定如何选择应用管理会计中的成本核算方法时，可先按工程、产品的生产模式，将其分为分步法、品种法、分批法。对于分步法、品种法生产模式的工程、产品，采用作业变动成本法进行成本的核算；对于分批法生产模式的工程、产品，采用作业成本法进行成本的核算。

本章小结

本章详细阐述了作业成本法，作业成本法依据产品的生产作业流程，把产品分解到每个作业环节，再根据作业环节中资源消耗动因和作业消耗动因，最终追溯、归集出产品的成本。

作业成本法采取的是"资源成本→作业成本→产品成本"的成本追溯、归集路径。可以说，作业成本法对成本的追溯是最有依据的，但其真正实用过程比较复杂，难以实施。

本章还详细阐述了作业变动成本法，作业变动成本法是本书的一大特色。作业变动成本法将变动成本法与作业成本法进行了有机融合，在变动成本法的基础上，用作业成本法分解变动成本法中的混合成本，把产品的混合成本分解成若干个小的混合成本，再用资源动因和作业动因将这些小混合成本的主体追溯为与产品产量相关的变动成本。在此基础上，可用此方法进一步将销售、服务环节中的部分成本，追溯、归集为产品的变动成本。

采用作业变动成本法，既发挥了变动成本法的简洁优势，又发挥了作业成本法的准确优势，还解决了变动成本法中分解混合成本这个难题，同时避免了作业成本法的烦琐性。

面对不同种类的工程、产品，正确选择、应用成本核算方法很重要，可先按工程、产品的生产模式，将其分为分步法、品种法、分批法。分步法、品种法生产模式的工程、产品采用作业变动成本法进行成本的核算；分批法生产模式的工程、产品采用作业成本法进行成本的核算。

 思考题

1. 作业成本法的成本核算流程与作业变动成本法的差别是什么？
2. 为什么作业变动成本法便于分解混合成本？
3. 为什么作业变动成本法可以替代变动成本法？
4. 分步法、品种法、分批法的生产模式各有什么特点？
5. 为什么分步法、品种法都可以采用作业变动成本法？
6. 在对分批法的工程核算成本时，往往在局部工程中采用作业变动成本法来核算工程成本，你能够再列举一两个可以这样核算的案例吗？

第二篇
产品作业变动成本分析及作业变动成本法

- 第三章　全周期、全流程的产品成本
- 第四章　产品研发流程各环节变动成本分析与归集
- 第五章　产品各生产作业环节变动成本分析与归集
- 第六章　销售、服务环节变动成本分析与归集

第三章
全周期、全流程的产品成本

有许多人认为产品的成本就是产品的原材料、元器件,只要在新产品的设计阶段买原材料、元器件时"货比三家",用最便宜的价格购买就是经济的决策了,这种对产品成本的认知太肤浅。一个新产品的成本构成包含该产品在全生命周期内发生的全部成本,必须要考虑产品全周期、全流程内的产品成本。可以假设,如果对一个产品型号已发生的成本环节出现漏算,势必将严重错判该产品的投资回报,会得出完全错误的经济决策结果。

第一节　产品全成本概念

产品全成本是指从策划一个新产品开始到该新产品的立项开发、制造、销售、服务、改进、更新、报废、终止等产品生命周期内本产品产生的成本之和，也就是产品开发、制造、销售、服务中全周期、全流程的成本总和。产品全成本管理示意如图 3-1 所示。

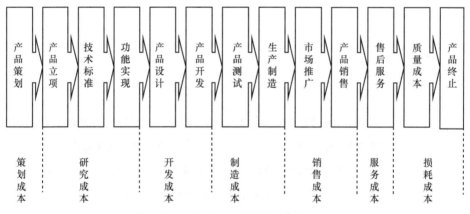

图 3-1　产品全成本管理示意

一般产品具有技术、经济双重属性，要想设计出一个能够在市场竞争中取胜的产品，该产品除了要有独特的技术性能外，还必须要有明显的成本优势，具有了成本优势，才能在竞争中获取更大的商业回报，也就是说，产品要通过性价比的优势赢得竞争。产品要想获得成本竞争优势，必须要知道该产品全周期、全流程的全部作业环节，以及全部作业环节中每个环节的成本构成、成本数额，因此必须要有一种成本分析方法能够分析、归集、核算出各作业流程环节的成本性态、成本数额。

第二节 作业环节的确定

作业流程要依据产品实际的研发、制造、销售、服务过程来确定，作业流程中的作业环节数量没有特殊的规定，作业环节不是越多越好，也不是越少越好。确定作业环节的考虑因素，一是同一环节内的作业操作应较为紧密；二是同一环节内作业的成本动因应相似，这样有利于成本性态的归集；三是同一环节内的作业相对比较独立。确定作业环节数量的最终目的是便于分解作业环节中的混合成本，有利于作业环节中产品变动成本的归集。不同专业领域、不同产品的作业环节数量各有差别，图3-1所示的产品全成本作业环节的示意只是一个案例。

第三节 各作业环节成本性态分析及归集方法

因为只有变动成本才是产品的成本，而产品的变动成本又分布在全周期、全流程作业过程的各个作业环节之中，所以我们首先要逐一判断出产品各个作业环节的成本性态，确定每个作业环节中是否有变动成本，如果有变动成本，还要把每个环节的变动成本的具体数额核算出来，这个核算过程就是变动成本的归集。如何能够有效判断出作业环节中的变动成本，要遵循以下3个步骤。

第一步是要判断该作业环节的职能是产品职能、还是公共服务职能。所谓产品职能是指该作业环节是为某产品所服务的，在该环节所发生的成本要么是该产品的固定成本，要么是该产品的变动成本；所谓公共服务职能是指该作业环节不是为某产品提供服务，而是为公共利益提供服务，或是为所有产品服务，在该环节所发生的成本不是单一产品本身的成本,而是公司的公共固定成本。凡在第一个步骤中已经确定为公共固定成本的,就不用再进行第二、第三步判断了,因为公共固定成本不会有产品的变动成本。

第二步是判断成本发生的动因,即确定成本的消耗来源,以便于从混合成本中分解出变动成本。

第三步是判断成本的性态,最终确定是某产品的变动成本,还是某产品的固定成本,或确定哪部分是产品的变动成本、哪部分是产品的固定成本。如果确定是变动成本,还要核算该环节所发生的变动成本的具体数额,或核算该环节所发生的变动成本统计的平均值。

这种成本性态分析及归集方法不仅适用于研发流程各环节的成本性态分析及归集,也适用于产品各生产作业各环节变动成本分析及归集和销售、服务环节的产品变动成本归集。

本章小结

本章阐述了产品开发制造的全成本概念,产品的全成本不是在一个作业环节中形成的。产品的全成本不只是元器件、材料的消耗,它是指从策划一个新产品开始到该新产品的立项开发、制造、销售、服务、改进、更新、报废、终止等产品生命周期内本产品产生的成本之和,也就是产品开发、制造、销售、服务中全周期、全流程的成本总和。

本章阐述了如何有效判断出作业环节中的变动成本的3个步骤。第一步是要判断该作业环节的职能是产品职能还是公共服务职能,如果该环节的职能是产品职能,发生的就是该产品的成本消耗;如果该环节的职能是公共服务职能,发生的就是公司的公共固定成本。第二步是判断成本发生的动因,即确定成本的消耗来源,以便于从混合成本中分解出变动成本。第三步是判断成本的性态,最终确定是某产品的变动成本,还是某产品的固定成本,或确定哪部分是产品的变动成本,哪部分是产品的固定成本。如果确定是变动成本,还要核算该环节发生的变动成本的具体数额,或核算该环节发生的变动成本统计的平均值。

思考题

1. 什么是产品的全成本概念？为什么要考虑产品的全成本？
2. 对于不同专业领域、不同类型的产品，其生命周期内全成本构成相同吗？为什么？
3. 如何判断产品每个作业环节的成本性态？
4. 什么是产品固定成本？产品固定成本与非产品固定成本有什么不同？
5. 为什么要建立产品固定成本的概念？有什么实际意义？

第四章
产品研发流程各环节变动成本分析与归集

当确定了产品生命周期内的全成本作业流程环节后,就要分作业环节进行变动成本的归集。为了便于对产品成本进行控制与管理,在分作业环节归集变动成本时,先按流程大类进行变动成本归集。一般分为3个作业流程大类:产品研发流程、产品生产作业流程和产品销售服务作业流程。本章详细阐述了产品研发流程各环节变动成本的分析与归集。

第一节　产品研发流程

产品研发流程也称为研究与试验发展（Research And Development，R&D）流程，产品研发流程包括策划、研究、开发、测试、验证等作业环节，下面按顺序分别对产品研发流程中的策划、研究、开发、测试、验证环节进行成本性态判断。

产品策划环节重点考虑的是产品的需求满足、需求定义，即定义出怎样的一个产品才能满足竞争要求。策划的内容包含产品需求定义、技术共享分析、知识产权分析、商业模式、供应商分析、竞争对手产品分析、供应商分析、财务评估分析、总体风险评估分析等。在此基础上，应制订出包括技术标准策略、销售预测与营销策略、生产制造策略、用户服务策略、初步的业务计划及概要的总项目实施计划。

一、产品的正确描述

产品策划阶段最重要的工作就是对新产品的正确描述。只有对新产品有了正确的描述，才有可能开发出能满足客户需求、有竞争力的产品。而对新产品进行正确描述的重要前提就是对新产品的需求有足够清晰的了解，在此基础上，进行需求分析、分类、确认，并用规范的需求规格说明书来正确表达需求，从而使宏观、抽象的需求能够转换为新产品的特征、功能、性能。

新产品的需求由外部需求和内部需求两大类组成。所谓外部需求就是客户的需求、市场的需求。所谓内部需求就是企业内部中试、生产、销售、服务、成本及盈利等的需求。

二、外部需求的收集、分析、了解、确认

1. 市场需求的确认

在传统的产品开发、项目管理模式中，产品开发团队在对客户的需求还不十分清楚的情况下，就凭研发人员的自我想象制造出客户的需求，导致在逐步得到客户的真实需求反馈后，而不得不在开发过程中不断地修改产品开发方案，以满足真正的客户需求。这将造成产品开发金额的不断浪费，造成产品开发交付时间的不断推迟，严重时将会导致产品开发项目全部推翻、重新再来，使企业遭受巨大损失。

2. $APPEALS 需求模型

可以说没有需求就不会有新产品，缺乏好的、及时的市场需求是产品开发项目偏离方向和新产品开发失败的最主要原因。为了能更清晰地了解市场和客户的需求，集成产品开发模式在产品概念阶段使用了一种用于了解客户需求、确定产品市场定位的分析工具——$APPEALS 模型。$APPEALS 模型从 8 个方面来衡量客户对产品的关注，从而确定产品的哪一方面对客户是最重要的。$APPEALS 的具体含义如下。

① $为产品价格（Price）：产品价格是指客户能够接受的产品、服务的价格及付款方式。在客户能接受的产品价格内，我们产品的定价区域能否满足？我们产品的成本是多少？我们的盈利空间有多大？产品投资回报如何？这都是对客户需求分析时要回答的问题，这里的成本就是产品全成本。由此可见，在进行产品设计时经济决策能力何等重要，这就要求工科学生必须具备经济决策能力，否则所设计的产品是无法满足市场竞争要求的。

② A 为可获得性（Availability）：产品可获得性是指用户能接受的产品商业模式、产品形态、销售方式、交货时间、地点等。

③ 第一个 P 为包装（Packaging）：产品的包装是指产品的内外包装、产品附件、产品说明资料等。

④ 第二个 P 为性能（Performance）：产品性能是指产品的技术指标、产品的功能、产品的特性、产品的附加功能、产品的升级能力等。

⑤ E 为易用性（Easy to use）：产品的易用性是指产品的易安装性、易维护性、易操作性、界面的友好性、产品的维修方式等。

⑥ A 为保证程度（Assurances）：产品的保证程度是指产品符合标准要求、通过质量强制检测、质量保证、产品的安全性、产品的可靠性、产品的"三包"承诺、产品的保修期等。

⑦ L 为生命周期成本（Life cycle of cost）：产品的生命周期成本是指产品的使用寿命、产品升级的费用等。

⑧ S 为社会接受程度（Social acceptance）：产品的社会接受程度是指产品是否符合工程伦理、是否符合产品所在行业的法律及法规要求、产品是否侵犯知识产权、产品满足标准化的程度高低、产品是否尊重当地人文风俗、产品是否符合当地环保要求、产品的认证资质是否符合要求、产品是否拿到销售许可批准等。如果不满足销售所在地的准入条件，产品就不能被社会所接受。这也就是工程教育专业认证通用标准中所说的"在设计环节中要考虑社会、健康、安全、法律、文化及环境等因素"的原因所在。

按照客户对 $APPEALS 模型各矢量的要求、企业自身能达到的各矢量的能力及主要竞争对手在各矢量上的能力，列出表格进行比对。通过 $APPEALS 模型的比对，确定竞争优势和差距；要明确哪些优势要强化，哪些劣势要弥补；要明确新产品开发的策略、卖点；要明确新产品所需的功能、性能规格；要形成新产品开发的市场规格说明书，通过产品的开发来弥补自身的差距，将差距的弥补作为新产品设计的规格要求。

三、内部需求的收集、分析、了解、确认

内部需求是指所设计的产品必须满足可生产性、可安装性、可维护性、可靠性的要求，还必须满足内部中试的要求。

第二节 产品策划环节的职能、成本性态分析及归集

一、产品策划环节为产品服务职能

产品策划是指为启动该新产品进行的市场调查、竞争对手分析、产品定义等为产品立项所做的前期工作,此阶段消耗的成本为策划成本。产品策划的结果可能是不立项,也可能是立项继续进行技术预研。如果决定不立项,产品策划终止,产品策划阶段消耗的成本应计入当期的管理费用,成为公司的公共服务固定成本;如果是同意该产品的策划,那么产品进入预研立项阶段,此时发生的成本为该产品的策划成本,还需进一步判断策划成本的性态。

二、产品策划环节的成本动因

策划环节的成本消耗主要为人工费、差旅费。

三、产品策划环节的成本性态

要判断策划环节消耗的人工费、差旅费的成本性态,主要的判断依据是这些人工费、差旅费总额会不会随产品生产数量的增加而增加?由于策划环节的成本是在产品规模生产前就已经发生了,它们不会随产品生产数量的增加而增加,相对于生产数量的变化这些成本是固定不变的,所以策划环节的成本性态不是变动成本,而是固定成本。如果该技术研究(预研)成果未来投产,策划环节的成本就是该产品固定成本的组成部分。

第三节　技术研究（预研）环节的职能、成本性态分析及归集

一、技术研究（预研）环节的职能

技术研究（预研）是指为一个新产品所做的前期技术预研究。没有技术创新也就没有高新技术产品。技术研究（预研）可能并不会特定为一个型号的产品服务，在技术研究（预研）成功后，其研究成果用于一个或多个产品。产品的技术研究（预研）是需要耗费大量资金的，在高新技术企业尤为如此，而且技术研究（预研）的资金往往是需要多年持续投入的，每类技术研究（预研）所投入的总和就是技术研究（预研）的成本。

二、技术研究（预研）环节的成本性态分析及归集

1. 技术研究（预研）环节为公共服务职能

一般来说，研究成果往往并不能成为技术产品被直接销售，而是被应用于产品开发。因此，通常情况下，技术研究（预研）为公共服务职能，所产生的成本为公司的固定成本。

当某类技术研究成果被某单一新产品采用时，该类技术研究的总成本应归集为该产品的技术研究成本。当某类技术研究成果被几个新品使用时，可按几个新产品分别对技术成果的使用权重，将该项技术研究成本总额分摊到各个新产品的技术研究成本中。

标准的制定是直接为产品开发服务的，其成本应计入相应产品的研究成本中。

2. 技术研究（预研）环节的成本动因

技术研究（预研）环节的成本消耗主要是人工费用、仪器仪表折旧费用、元器件耗材费用等前期研发费用。

3. 技术研究（预研）环节的成本性态

技术研究（预研）环节的成本是在产品规模生产前就已经产生了，这些所

消耗的人工费用、仪器仪表折旧费用、元器件耗材费用等前期研发费用的总额不会随产品生产数量的增加而增加。相对于生产数量的变化，这些成本是固定不变的，因此，技术研究（预研）环节的成本性态是固定成本。如果该产品未来投产，技术研究（预研）环节的成本就是该产品固定成本的组成部分。

第四节　产品开发环节的职能、成本性态分析及归集

一、产品开发环节的职能

产品开发是指对已经立项的产品型号进行研制的过程。产品的开发与技术研究（预研）不同，技术研究（预研）的产出是技术方案，产品开发的产出是产品。

1. 设计规划

一个新产品在开发之前，首先要进行设计规划，以决定哪些器件、部件、模块、技术、仿真平台、仪器仪表、工具需要购买，哪些可以使用以前的设计成果，哪些必须重新设计、开发。全部的器件、部件、模块、技术、仿真平台、仪器仪表、工具都由自己开发是不现实的：一是能力不足；二是开发成本太高、周期太长；三是全新的设计成果或多或少存在一定技术缺陷，全新设计的部件、模块要控制在一定的比例中，以提高产品的可靠性。

2. 设计分解

因为高新技术产品的复杂度一般都比较高，所以产品开发在立项后，往往不会直接对整个产品进行开发，而是会根据总体技术设计的要求，把一个完整的高新技术产品拆分成许多层面、中间件、模块。这个拆分过程被称为设计分解。将复杂的产品分解为许多部件、模块开发的好处：一是有利于整体研发项目的管理；二是有利于技术重用；三是有利于产生新的公共基础模块（Common Building Block，CBB）组件及平台；四是有利于采用异步开发模式，合理节省开发资源，缩短新产品的开发周期。新产品如果要达到规定的技术重用度指标，就要充分利用已有的 CBB 组件、板级平台、子系统平台、产品平台及系统平

台，在进行设计分解时也不是随意地分解，要以多级平台的结构形式从上到下分解，最终分解到 CBB 组件。对于能够重复利用的 CBB 组件、模块、平台就要重复利用，从而减少开发工作量。

设计分解完成后，要对每一个分解出的单元模块提出详细的验证方法、要求，便于检验被开发的单元模块是否符合预期要求，并以此作为对各单元模块的验收依据。

3. 设计实现

设计实现包括两个部分的工作：一是根据对单元模块详细设计的要求完成单元模块的开发，拿出开发的单元模块实物，单元模块实物包括硬件、软件及外部协同的部件；二是通过"白箱测试"来验证单元模块的设计能达到事先对单元模块的设计要求。

4. 设计集成

之所以要进行设计集成，是因为产品开发已将被开发的产品进行了设计分解，即将一个完整的产品分解成许多单元模块。这些单元模块开发完成后，仅仅是产品的部件而不是产品本身，要想得到完整新产品，应在各单元模块都开发完毕后，按设计分解的逆向过程，进行分层级集成。

根据产品的复杂程度，产品的集成可以是一次性完成的集成，也可以是分层级先进行板级、子系统的集成，再进行产品的集成。产品的集成测试是由研发人员与专业测试部门的人员共同完成的。

二、产品开发环节的成本性态分析及归集

1. 产品开发环节为产品服务职能

产品开发环节是指对已经立项的产品型号进行研制的过程。产品开发是明确针对某产品型号的，在此过程中所产生的成本都应归集、分配到该产品中去。如果该产品历经多年的开发，那么这几年所产生的产品开发成本、费用都应累积，并归集为该产品的开发成本。因此，产品开发环节所产生的成本应确定为某产品的成本消耗。

2. 产品开发环节的成本动因

产品开发环节的成本消耗主要是人工费用、仪器仪表折旧费用、元器件耗

材费用等前期研发费用。

3. 产品开发环节的成本性态

由于产品开发环节的成本是在产品规模生产前就已经发生了,所以成本总额不会随产品生产数量的增加而增加。相对于生产数量的变化,这些成本是固定不变的,因此产品开发环节的成本性态是固定成本。如果该产品未来投产,那么产品开发环节的成本就是该产品固定成本的组成部分。

第五节 产品研发测试、验证环节的职能、成本性态分析及归集

一、产品研发测试、验证环节的职能

集成的单板需要进行单板的集成测试,以验证该单板能否达到在进行设计分解时提出的技术指标、功能需求、特征需求的要求。如果单板集成测试不能通过,则要对相应的单元模块及单元模块之间的连接进行检查,排除技术问题后继续进行单板集成测试,直至该单板的集成测试通过。同一子系统对应的各单板应同时进行单板集成测试,以保证该子系统内的各单板完成集成测试后,就能够进行相应的子系统的集成测试。

子系统的集成测试是将该子系统所对应的各单板组合起来后进行的集成测试。如果某子系统的集成测试达不到设计分解时对该子系统提出的技术指标、功能需求、特征需求的要求,则要重新查找该子系统所对应的各单板及各单板之间连接的问题,直至达到该子系统的全部要求为止。所有的子系统几乎是同时开始进行各自集成测试的,只有当所有的子系统都完成了自身的集成测试,才能进行新产品的集成测试。

如果新产品的集成测试达不到产品计划阶段所提出的技术指标、功能需求、特征需求的要求,就要回头查找其所包含的相应子系统及各子系统之间连接的技术问题,直至达到全部要求为止。

在集成测试完成后,完整的产品才形成,这时才能够对整个产品进行验证,

验证工作包括3个方面：一是验证整个产品的功能、性能、技术指标是否满足设计要求；二是进行样本数较大的规模测试，以验证是否存在小概率的技术缺陷；三是与外部社会环境的相容性是否突破了非技术因素的"红线"约束，造成社会接受程度的破坏。

二、产品研发测试、验证环节的成本性态分析及归集

1．产品研发测试、验证环节为产品服务职能

产品研发流程中的测试、验证环节是指对已经立项的产品样机进行测试、验证的过程。产品研发过程的测试、验证是明确针对某产品型号的，在此过程中所产生的成本都应归集、分配到该产品中去。如果该产品历经多年的开发，则这几年所产生的产品研发测试、验证成本、费用都应累积，并归集为该产品的研发成本。因此产品研发中的测试、验证环节所产生的成本应确定为某产品的成本消耗。

2．产品测试、验证环节的成本动因

产品研发中的测试、验证环节的成本消耗主要是人工费用、仪器仪表折旧费用、元器件耗材费用等前期研发费用。

3．产品测试、验证环节的成本性态

通常，测试、验证应分为研发阶段的测试、验证和生产阶段的测试、验证。这里所说的测试、验证是指产品研发中的测试、验证环节。由于产品研发中的测试、验证环节的成本是在产品规模生产前就已经产生了，所以这些成本总额不会随产品生产数量的增加而增加。相对于生产数量的变化，这些成本是固定不变的，因此产品研发中的测试、验证环节的成本性态是固定成本。如果该产品未来投产，产品研发的测试、验证环节的成本就是该产品固定成本的组成部分。

而生产阶段的测试、验证环节情况则是完全不同的。生产阶段的测试、验证环节是对每一台被生产的产品进行测试、验证，其产生的测试、验证成本总额会随产品生产数量的增加而增加，因此生产阶段的测试、验证环节所产生的成本是变动成本。

本章小结

本章依据产品流程环节成本性态判断的3个步骤,分别对产品研发流程中的策划、研究、开发、测试、验证作业环节进行了成本性态判断。产品研发流程中的策划、研究、开发、测试、验证作业环节的成本都是在产品规模生产前就已经产生了,这些消耗的研发成本总额不会随产品生产数量的增加而增加。相对于生产数量的变化,这些成本是固定不变的,因此产品研发流程各个环节的成本性态都不是变动成本,而是产品的固定成本。

 思考题

1. 为什么产品研发流程各个环节所产生的成本都不是变动成本?
2. 产品研发流程各个环节所产生的成本是产品固定成本?还是非产品固定成本?
3. 既然产品研发流程各个环节所产生的成本都不是变动成本,那是不是意味着在产品研发过程中所消耗成本的大小就与产品的经济回报没有关联?为什么?
4. 技术研究(预研)环节的成本是产品固定成本?还是非产品固定成本?为什么?

第五章
产品各生产作业环节变动成本分析与归集

　　生产作业的全过程是产品变动成本的主要来源,要想精准地归集出各生产作业环节的变动成本,首先要了解、熟悉该产品的全部生产作业流程。本章以通信专业领域移动基站的生产作业全流程中各作业环节为例,阐述了归集各生产作业环节变动成本的方法,之所以要以移动基站的生产作业为例,是因为移动基站的生产作业流程非常复杂,既包含了常规产品生产作业多步骤、多流程的复杂环节,也包括了产品在外场的安装、调试、开通等环节。本章以复杂流程的生产作业环节为案例,以便读者举一反三,能够在跨专业领域中加以运用。

第一节　按作业流程分解作业

通信网络产品的生产过程较为复杂，其生产作业环节很多。作业变动成本法说明，要根据通信网络产品的生产作业流程，排列出产品要经过的全部生产作业环节。通信网络产品的生产过程要经过的生产作业环节有生产计划管理、采购管理、装配生产、单板测试、整机测试、系统测试、发货管理、库存管理、中试管理及工程管理等。我们要分析核算出每一个生产作业环节的变动成本；要了解每一个生产作业环节的职能；要知道这一个生产作业环节到底要完成什么任务；完成任务的方式是什么；需要用什么资源。只有先了解清楚每个生产作业环节的职能，才能确定每个生产作业环节的资源动因和作业动因。下面将逐一介绍每一个生产作业环节的职能。

一个完整的生产过程管理流程如图 5-1 所示。

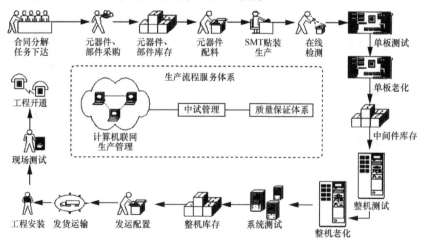

图 5-1　一个完整的生产过程管理流程

第二节　生产计划管理环节的职能、成本性态分析与归集

一、生产计划管理环节的职能

生产计划管理环节的职责是根据市场部门的市场预测及销售部门已签订的商业合同，确定每年、每季、每月、每批次的产品生产计划，调配生产资源，保证生产计划按时实施、完成。在此基础上，将每批次的产品生产计划分解为物料采购计划，并对各个生产环节下达生产任务，以保证按合同的要求完成产品的生产。可以说，生产计划管理是生产全过程的神经中枢，是生产的指挥系统。

1. 制订生产计划

根据市场的预测及商业合同的签订情况，确定年度、季度、月度的生产计划总量，根据生产计划总量确定各种产品的配置比例，确定月度各种产品的生产批次。不同生产批次间的时间间隔越大，生产管理的工作量越小，但生产效率越低，营运资金周转得越差。反之，不同生产批次间的时间间隔越小，生产管理的工作量越大，但带来的好处是生产效率越高，营运资金周转得越好。生产效率较高的生产计划可以做到不同生产批次的产品在同一生产环节无缝衔接，不使生产线空闲，以保证不同生产批次的产品在不同的生产环节中相互错开。也就是说，第一道生产作业环节在生产最新一批次的产品时，第二道生产作业环节正在生产上一批次的产品。总之，应尽可能避免不同批次的产品在同一生产环节内出现重合。

2. 生产资源的配置

根据已制订的生产计划及生产批次，决定是否要添置和更新生产设备，及时调整内部生产资源。

3. 库存计划管理

决定商业合同生产计划之外的物料库存、中间件库存、整机库存的合理库存储备数量，以提高生产线的应急能力。

4. 合同分解

商业合同涉及的往往不只是一种产品，而是一个完整的工程配置。一个实际的工程配置，由许多不同种类的产品及各种工程安装部件组成。合同分解，首先是要将每个商业合同中的各种产品做分类处理，分别统计出各种产品的种类和数量，统计出各种安装件、附件、配套件、包装箱的种类和数量；再将已分解的各种产品、附件、配套件、包装箱等进行汇总，以决定该批次生产计划的总量及外购设备总量。要做好该项工作，需要有科学的管理方法，使用相关计算机管理软件来处理，以提高分解的效率及准确性。如果在一个工程配置的合同分解中，漏掉一两个部件，那么将会导致这个工程无法交付，结果是用户不付款，该工程已生产的全部产品被积压，用户还会强烈投诉，从而造成严重的后果。

5. 产品分解

合同分解后，我们已经统计出该生产批次中需要自制的各种产品的种类和数量。接下来，我们需要进行产品分解，以分解出每种产品生产时所需的物料、部件、安装件、各类线缆的类型、型号及数量等；然后再根据本生产批次要生产的产品数量，制订该生产批次的完整物料、部件、安装件、线缆等采购清单。同样，产品分解过程也要通过计算机管理软件来处理，以保证产品分解的效率和准确性。

6. 生产任务下达

根据生产计划，我们要下达各生产环节的生产任务，包括采购任务、各种电路板的单板生产任务、整机生产任务，规定各生产环节的完成时间，并协调各生产环节。

7. 产品集成

产品集成的过程是合同分解、产品分解的逆过程，在合同分解和产品分解时，将一个工程配置分解成不同的产品及部件，产品分解又将产品及部件分解成不同的单板，进而将单板分解成物料。在生产过程中，产品集成将各种物料装配、生产成单板，将单板集成为整机设备，最终集成为合同规定的工程配置。产品集成也必须用计算机管理软件来管理，才能保证工作效率和准确性。产品集成的过程也是产品生产的调度过程。

二、生产计划管理环节的成本性态分析与归集

1. 生产计划管理环节为公共服务职能

在生产计划管理环节,无论是生产计划制订职能、生产资源配置职能、合同分解职能,还是生产任务协调职能,都不是为某一种产品单独服务的,因此生产计划管理环节是公共服务职能,生产计划管理所产生的成本不能直接归集到任何一个产品中。

2. 生产计划管理环节的成本动因

生产计划管理环节所消耗的成本主要是计算机管理网络软件、硬件成本,以及生产管理人员的人工费用。计算机管理网络的运行费用。

3. 生产计划管理环节的成本性态

生产计划管理环节的计算机管理网络软件、硬件成本和生产管理人员的人工费用,与任意一种产品的产量没有直接的关系,因而,该环节的成本性态为固定成本。在完全成本法中,该类成本因为直接为生产制造服务,被列为固定性制造费用,其成本被列入产品成本。但在作业变动成本法中,固定成本不能被列入产品成本,因而生产计划管理环节的成本不能被列入任何产品的成本中,只能成为当期的固定成本。

第三节 采购管理环节的职能、成本性态分析与归集

一、采购管理环节的职能

1. 物料供应代理管理

大部分的国外物料生产厂商都不在中国直销,而是通过物料供应代理商代理销售。物料供应代理商众多,其资产规模大小不同,资信情况也相差甚远。同一物料生产厂商的物料通过不同物料供应代理商的代理,不仅报价不同,供货周期不同,允许的应付款账期也不尽相同。资产规模大、资信程度高的物料

供应代理商，可得到物料生产厂商较大的折扣，所代理的物料价格相对其他物料供应代理商更低。同时，由于资产规模大的物料供应代理商的银行资信情况一般都较好，所以它更容易得到较高的银行信用证额度，从而使生产企业得到较长周期的物料应付款的"延期付款"账期，由此缓解生产企业的流动资金压力。因此在选择物料供应代理商时，应选择资产规模大、资信程度高的物料供应代理商，并且最好做到同类物料有两三家物料供应代理商竞争。一旦选定物料供应代理商后，要相对固定。

2．物料采购管理

各种物料的供货周期差别较大，生产企业要根据供货周期长短，将各类物料分类管理。生产企业采购物料时，不要同时采购同一生产批次的所有物料，而应根据各物料供货周期的长短，先采购供货周期最长的物料，依此类推，最后采购供货周期最短的物料，以保证供货周期长短不一的被采购物料能同时到货入库；或给供应代理商规定各类物料到货的准确时间，提前到达的物料不记账期。总之，生产企业应通过物料采购管理做到"物料零库存"。

3．物料入库检验

为保证物料的质量，物料到货入库时，除了核对型号、统计数量之外，还应检验物料入库质量。对于数字集成电路器件的质量检验，主要对数字集成电路器件的包装及器件的外观进行检验，避免包装造成数字集成电路引脚的氧化或外部损伤；对于模拟物料的质量检验，由于其存在参数的离散性，特别是不同批次到货的模拟物料参数离散性更大，因此应对模拟物料抽样检验物料的参数进行高低温例行检验，及时发现入库物料的质量问题。

二、采购管理环节的成本性态分析与归集

1．采购管理环节是为各产品直接服务的公共职能

在企业同时生产、经营多种产品时，采购管理环节是为各产品直接服务的公共职能。但从其成本动因来看，采购管理环节的成本主体是物料的货款支付，这些物料是分别用于不同产品的，因此，所有的物料货款都可追溯到每一个产品中，采购管理环节的采购成本是与各产品密切相关的。同时，物料的入库检测也是要消耗成本的，这些被检测的物料归属于不同产品，因此，物料的检测

费用也与相应的产品密切相关。物料供应代理商的管理是要消耗差旅费的,因此,生产企业可根据不同产品的物料分类对代理商进行分类,将对代理商的管理费用分摊到产品的物料价格中。

2．采购管理环节的成本动因

采购管理环节的成本动因有以下两大类。

（1）物料货款

物料货款包括物料单价、运保费、增值税、关税、信用证费用、币种兑换费等。

（2）物料入库检测

物料入库检测要消耗检测仪表折旧费用、检测人工费用、电费等。

3．采购管理环节的成本性态

（1）物料货款

物料的单价、运保费、增值税、关税均与单位物料、单位产品有关,因此,采购成本属于变动成本。

（2）物料入库检测费

物料的入库检测工作量与产品的数量关系密切：产品生产数量越大,采购的物料就越多,检测的工时就越长,相应的检测仪器用时、检测人工时长、检测仪器电耗都随之增长,即物料入库检测的所有费用都是变动成本。物料总检测费用除以所生产的产品数量,即为单位产品物料入库检测变动成本。

第四节　装配生产环节的职能、成本性态分析与归集

一、装配生产环节的职能

1．物料配料

在装配生产过程中,生产企业首先应根据生产计划的安排,从物料库房中领取该生产批次相应数量电路板上所需的各种物料。由于电路板的表面贴装技

术（Surface Mounting Technology，SMT）的贴装生产环节为全自动，在进行SMT生产前，要先对贴装机进行操作流程的程序编制，在生产过程中，由机械手自动到物料料箱中取物料贴装生产，因此要按贴装机事先程序编制的顺序要求，再通过人工操作的方式将各种物料放入预先拟定的物料槽位中。如果这一环节发生差错，物料放错槽位，则会导致贴装机的机械手操作错误，进而出现质量事故。该环节以人工操作为主，产生差错的概率较大。

2. SMT 编程

SMT 贴装编程的目的是根据电路板设计的要求，将物料料箱中各器件槽位中的物料，与电路板中该物料所在的坐标位置一一对应，并进行计算机程序编制，将编制好的程序存储在 SMT 管理器中，这一环节的手动编程工作量较大，易产生差错。而一旦完成编程后，程序便可作为生产文件存储保管，以后再生产同一电路板时，可重复调用，省去再编程的工作。这种方式可达到同一台 SMT 贴装机调用不同的编程软件、可生产不同电路板的目的，以实现柔性制造。为减少编程的差错，也可采用计算机集成制造系统（Computer Integrated Manufacturing System，CIMS）的方式直接将印制电路板（Printed Circuit Board，PCB）排版的网格表送入 SMT 管理器，作为 SMT 自动转换编程的依据，以替代人工编程工作。

3. PCB 加工生产

此处 PCB 是指没有安装物料的空电路板。PCB 可分为单面电路板、双面电路板及多层电路板。单面电路板是指 PCB 上只有一面有印制电路连接线；双面电路板是指 PCB 的正、反面都有印制电路连接线；多层电路板是指 PCB 除正、反面都有印制电路连接线外，在 PCB 正、反面之间，肉眼看不见的内部还有几层印制电路连接线。多层电路板又分为 4 层电路板、6 层电路板、8 层电路板、10 层电路板等。例如，10 层电路板是指除 PCB 正、反面外，内部还有 8 层相互间绝缘的印制电路连接线，相当于 10 个不同的单面电路板压叠在一起，形成一张多层 PCB。

每种 PCB 都有独特的设计版图，虽然 PCB 由生产企业自己的工程师设计，但 PCB 的加工生产一般由专业的 PCB 制造商根据预先的设计要求生产，大部分属于外加工环节。PCB 的外加工定制以平方厘米为定价单位，PCB 的层数越多，单位面积的价格越高。

第五章 产品各生产作业环节变动成本分析与归集

4. 丝网钢板加工生产

在 SMT 贴装生产时，为了将 PCB 上需要焊接物料的焊点一次全部涂刷上焊膏，而又不污染 PCB 的其他部分，需要专门设计一种薄钢板，该钢板上有许多孔洞，而这些孔洞的位置和大小正好与 PCB 上所有焊点的位置及大小相同，这个薄钢板就叫丝网钢板。将丝网钢板覆盖在 PCB 上，在丝网钢板上整面涂刷焊膏，焊膏可透过丝网钢板上的孔洞，被涂抹在 PCB 中的所有焊点上，而其他部位因有钢板遮挡，则不会被涂抹上焊膏。该环节也属于外加工环节。一种丝网钢板只能服务于一种 PCB，即一种电路板。丝网钢板的加工生产费用也是以单位面积来定的。

5. SMT 生产过程

SMT 生产过程是将各种不同的物料贴装，并自动焊接到电路板中相应位置的过程。SMT 的具体生产过程如下。

丝网印刷。将丝网钢板覆盖在 PCB 上，通过全自动或半自动丝网印刷机将焊膏涂刷在 PCB 的所有焊接点上。

SMT 贴装。SMT 贴装生产一般由两台 SMT 贴装机完成，一台是高速贴片机，另一台是高精度贴片机。高速贴片机通过机械手，高速地将电阻、电容、电感等对贴装精度要求不高的物料从物料料箱的相应槽位中取出，贴装在 PCB 的相应焊接点上。高精度贴片机可自动地将集成电路从物料料箱中取出，以较高的精度将其准确地贴在 PCB 的相应位置上。贴装的质量和精度可以通过在线的光检测仪自动检测，如果集成电路的贴装精度达不到要求，则检测仪会自动告警提示。最后，传送带将已贴装上物料的 PCB 自动送进红外回流焊接炉，红外回流焊接炉按预先设定好的升温曲线，对已贴装了物料的 PCB 加热升温，当掺有焊锡的焊膏经高温熔化后，PCB 上的全部物料就自动焊接在 PCB 上了。

6. 波峰焊接过程

当 PCB 上存在非贴片的物料（穿孔物料）时，在完成贴装物料的焊接后，还要通过人工的方式在 PCB 上手插安装剩余的穿孔物料（非贴片物料），然后通过波峰焊接机，进行穿孔物料的自动焊接。

7. 在线检测

经 SMT 贴装生产的电路板可能存在焊点间粘连、漏焊、虚焊等焊接质量问题,也可能存在电阻阻值错误、二极管装反等物料贴装错误。如果这些贴装问题在装配生产过程中没有被纠正,将会降低后续单板测试的一次测试合格率,影响后端工序的效率,严重时甚至可能会因物料配料的差错,造成装配生产出的电路板全部不合格。为了避免出现以上种种问题,除了在SMT贴装环节加入首件检验方法之外,最常用的方法是在SMT贴装生产完成后,插入在线检测环节。这里的在线检测是为了发现电路板焊接中可能存在的质量问题而进行的实时检测。在线检测的方法有两种。一种测试方法是针床检测,即根据电路板的布线及阻、容元件的位置,设计出具有多测试针的针床,然后根据预先编程设计的测试程序,用针床自动完成电路板上多个测试点的同时测试,用测试结果来判断被测电路板的焊接、装配质量。如果在测试过程中发现问题,则测试程序能够自动进行故障定位,标明故障点和显示故障原因,针床测试法是与PCB一一对应的,不同的PCB要设计不同的测试针床,也就是说,某测试针床的成本应摊销在某电路板上。另一种测试方法是无针床检测,即在线测试设备只有两根测试针,两根测试针根据预先编程设计的测试程序,快速地测试拟定要测试的各测试点,每测完一对测试点,在线测试设备会自动移动测试针,再测试另一对测试点,直至测完所有的测试点。无针床检测的速度较慢,但其可用编程的方式检测所有不同种类的电路板,无针床检测的成本应为公共服务成本,可由多种产品分摊。

8. 机框、机架装配

机框、机架装配包括将加工好的机框、机架零部件,装配成机框和机架,并完成机框、机架中的信号布线及电源布线,其装配过程是人工装配。

二、装配生产环节的成本性态分析与归集

1. 装配生产以产品为对象

无论是电装(SMT贴装)还是机装(机械装配),都是以产品为单位进行的。在进行单板电装时,可先将电装成本计入单板中;在核算整机产品的成本时,再核算该产品用了几种单板,每种单板的使用数量及该产品用了几个机框、机柜,最后再归集出产品的总生产变动成本。

2. 装配生产的成本动因

（1）电装成本

① 设备运转成本。SMT贴装生产费用包括设备折旧、设备耗电、焊料消耗、物料抛料损失、废品摊销、丝网钢板制作费用等。

② 人工费用。人工费用包括人工备料工时、SMT编程工时、人工服务工时、设备维修工时等。

③ 统计平均成本。在业内，将电装环节中所消耗的设备运转成本、人工费用等全部成本，以天或周为周期，将周期内的电装总成本除以本周期内的总焊接点数，即单位焊接点的统计平均成本。核算一个产品的电装成本时，只要统计出该单位产品的焊接点数量，将焊接点数量乘以单位焊接点的统计平均成本，即为该单位产品的电装成本。

（2）机装成本

机装环节的成本动因有机装设备折旧、设备耗电、耗材、人工工时等。也可以采用电装的统计平均方法，折算出机装生产环节中所装配的各种机框、机柜的单件统计平均成本。

（3）在线测试成本

① 针床检测。针床检测是为某种单板专门定制的。针床的制作费、仪器折旧、电耗、人工工时等都是成本，也应以一个周期为单位，折算出该种单板的统计平均测试成本。

② 非针床检测。非针床检测不是为某种单板专门定制的，其可被多种单板在线测试公用。我们可将非针床检测设备的折旧、电耗、人工费用等，以测试点接点为单位折算出一个测试点的统计平均检测成本。在这个基础上，根据每一个单板的测试点数量，计算出每一种单板的在线测试成本。

3. 装配成本的性态

装配生产由单板贴装焊接生产与整机机械装配生产两个部分组成，这两个部分的装配工作量和装配成本都是以单位产品为单元的，因此，每多生产一件产品，就要多付出一部分装配生产成本。由此可知，装配生产环节产生的成本是变动成本。

除此之外，在单板贴装的焊接生产中，不可避免地会发生一部分物料和单板的损耗，这个损耗的数额与单板的总数量间存在一个损耗比，这部分损耗也是变动成本。损耗数量随生产总量的增加而线性增加。

装配环节的成本均为变动成本，其成本性态与产品数量有直接的比例关系，特别是本节采用了一种统计平均成本的概念后，在本作业环节发生的混合成本，可全部分解成变动成本，这也是作业变动成本法的优点所在。

第五节　单板测试环节的职能、成本性态分析与归集

一、单板测试环节的职能

1. 单板测试

单板测试是指对已经完成装配、焊接工序的电路板，以单板为单位进行的单电路板测试。单板测试要对电路板的全部电气指标、功能进行测试。早期的单板测试工作均通过人工测试的方法完成，其测试过程是，工程师用测试仪表探头在已加电的被测电路板上进行各项指标测试，检测各项指标是否达标。大部分电路板的被测指标项很多，每测一项都要调整测试仪表的测试挡位，不仅操作过程烦琐，而且极易出现差错，并且测试的质量极易被测试工程师个人情绪等影响。因此，在被测合格的单板中仍可能有不合格的单板，产品质量难以控制。

现在的单板测试方法均由自行设计的测试装置自动完成单板的指标、功能测试。自动测试装置的测试过程：先将自动测试装置的电接口与测试仪表相连接，再将被测单板插入测试装置，测试装置通过预先设定的测试程序，按每一项技术指标的要求自动通过电接口的连接，驱动测试仪表换挡，测完第一项技术指标后，测试装置自动从仪表中取出并存储测试结果，然后测试装置再根据第二项技术指标的要求，重新调整测试仪表的测试挡位，开始第二项技术指标的自动测试，周而复始，直至完成该电路板的全部指标测试。

自动测试完成后，测试装置根据存储的各项技术指标的测试结果，与预存的单板技术指标的标准进行比对，自动判断被测电路板的合格状态。如果技术指标均合格，测试装置则显示合格状态，操作员可在此电路板上贴上单板测试合格证；如果部分指标未通过测试，测试装置将显示不合格状态，并显示故障原因及不合格项的实测结果。

单板自动测试装置的引入有诸多好处：一是极大地提高了单板测试的效率；二是最大限度地避免了人为的测试错误及漏测项；三是可以极大地降低生产成本，可由稍加训练的工人取代工程师进行科技含量极高的电路板测试，而工程师被安排到维修电路板的岗位上，可大幅降低测试生产线对工程师的依赖；四是为外包制造打下良好的基础。

2. 单板老化

以上的单板测试是在常温环境下进行的。在常温环境下测试合格的单板，并不能保证在环境温度变化后，特别是在高温情况下仍能正常工作，仍能达到技术指标。因此，对已经通过单板测试的电路板，还要做单板老化测试。建立一个高温老化实验室，将相同型号的被测单板并列地插入老化实验室的机架内，用自动测试装置同时对许多相同的单板进行循环测试。在测试过程中，老化实验室的温度从常温升到45℃，在高温状态下工作一段时间后，再回到常温，然后再升到45℃，如此循环，在2～3天的时间内，老化实验室一共历经3个高低温循环。在老化测试过程中，自动测试装置能自动记录每块单板的工作状态，淘汰不合格的单板；已通过老化测试的单板，可以贴上单板出厂合格标签。

3. 中间件库存

已测试合格的电路板单板作为一个合格部件，应进入中间件库房保存，合格单板除了被用于下道工序作为整机测试的部件之外，也可能作为已销售设备的备用件（维修件）销售给用户，如果不设中间件库存管理，那么将会造成已测试单板的管理混乱。

二、单板测试环节的成本性态分析与归集

1. 单板测试是直接为产品服务的专业生产环节

单板测试需要专业的测试装置、测试仪表以及专业的测试流程，单板测试

环节是相应产品的专业生产环节。

2. 单板测试环节的成本动因及测试人工费用

单板测试由若干条完全相同的专业测试生产线组成，可满足规模产能的要求。单板测试的成本包括测试装置折旧、仪表折旧、单板老化成本等。

3. 单板测试环节的成本性态

单板测试环节的工作是对已贴装完毕的电路板进行逐板测试，以保证每块电路板都能达到产品指标要求。对于未能达到指标要求的电路板，要通过维修、再检测使其达到指标要求。单板本身就是产品的组成部分，产品数量增多，单板的数量相应增多，单板测试工作量也随之增大。由于单板测试工作量和成本都与产品生产数量密切相关，因此，单板测试环节所产生的成本费用都属于变动成本。我们应按规定的周期，计算出每种、每块单板的统计平均变动成本，以简化日后的核算工作量。

除此之外，在单板测试环节中，不可避免地存在一些不合格品，在生产线上，不合格品要作为生产损耗计入生产成本，而不合格品的数量是与产品生产总量密切相关的。因此，在单板测试环节应按不同类型的单板，设定不合格品率指标，按不合格品率指标计提报废品数量与金额，计入该环节的变动成本。

第六节　整机测试环节的职能、成本性态分析与归集

一、整机测试环节的职能

1. 整机测试

所谓整机是指有产品型号的单元系统产品，在通信领域常见的单元系统产品有交换机、光端机、无线移动基站、基站控制器等，整机可单独作为产品销售。整机是由多种特定设计的电路板插入特殊设计的机框、机架内形成的。

整机测试的过程：首先要将已测试合格的相应电路板从中间件库房内领出，插入已完成装配、布线的相应机框和机架中，组成整机；然后根据相应整

机所需要测试的指标项,在外部构建一个由各种测试仪表组成的测试环境,通过人工或自动的测试方法对整机的技术指标和功能做完整的测试。与单板测试所遇到的问题相似,采用人工方法测试整机,也会带来各种因人为而造成的测试质量问题,产生产品质量隐患。在整机测试时,要尽可能地设计整机自动测试装置,以做到整机指标、功能测试的自动化,确保整机产品的质量。

2. 整机例行测试

整机例行测试包括3个方面的内容。一是对整机进行老化测试。整机老化测试的方法、过程与单板老化测试极为相似,只不过是将整机放入老化实验室,其温度范围及老化时间均与单板老化测试相同。在单板全部都已做过老化测试的情况下,整机可以不再做老化测试。二是进行整机供电电源拉偏 10%～15%(或 −15%～−10%)的例行测试。由于整机的供电由外部电源供给,外部电源的波动范围较大,因此,要通过人为拉偏电源来保证整机在供电环境较差时仍能达到全部的技术指标要求。三是在有条件的情况下,整机要做满负荷的负载承受能力测试,以确保在满负荷运转的情况下,整机仍能达到全部的技术指标要求。

3. 整机质量检验

经过例行测试的整机可由质量检验部门按比例随机抽检测试,如果抽检样本全部检测合格,那么该批次的整机可全部贴上出厂合格证标签。如果抽检样本不合格,那么要扩大抽检样本范围,以找出是个性原因,还是共性原因。等到问题解决后,该批次的整机才能贴上出厂合格证标签。

4. 整机入库

贴有出厂合格证的整机可进入整机成品库。

二、整机测试环节的成本性态分析与归集

1. 整机测试就是产品测试

因为整机本身就是一个完整的产品,所以整机测试环节就是一个专业的产品测试环节。

2. 整机测试环节的成本动因

(1)整机测试环节的成本

在进行整机测试前,先要将该整机产品所需的各种电路板、机框、机柜

从中间件库房中领出，一块电路板的电装是有装配变动成本的，一个机框、机柜的机装也是有变动成本的，这些装配环节的生产变动成本已计入中间件的成本中，再加上单板测试时，又要产生单板测试变动成本。因此，用单板组装成整机时，这个整机产品的变动成本需要将几个生产环节所产生的变动成本相加，例如，一个单板中要包含物料材料变动成本、单板装配变动成本、单板测试变动成本。同时，一个整机产品由整机机柜内的若干机框及机框内的若干电路单板组成。整机产品的集成过程也是将各个环节变动成本聚合累加的过程。

（2）整机测试环节的成本动因

整机产品的测试要消耗仪表折旧、测试工时、整机产品搬运工时、整机产品老化成本等。

3. 整机测试环节的成本性态

整机测试环节是将已测试合格的各种单板集成为整机产品后进行的测试，其测试工作量及成本本身就是以单位整机产品为基础的，因此，整机测试环节产生的成本与该产品生产数量密切相关，属于变动成本。由于整机测试是将已合格的单板集成为整机后的测试，所以整机测试环节不考虑不合格整机成本摊销。同样，在整机测试环节还应按规定的周期计算出单个整机产品的统计平均变动成本。

第七节　系统测试环节的职能、成本性态分析与归集

一、系统测试环节的职能

1. 系统测试

系统测试是指按商业合同中实际工程的配置要求，将各种整机产品连接在一起，进行系统测试。在进行系统测试时，被测系统中的每个整机产品必须是通过整机测试并贴有出厂合格证标签的整机产品，因此，被测试的整机产品应

从整机库房中领出,以保证被测整机产品自身的合格。整机产品要按实际工程要求连接起来,并且每个整机产品上应标明工程名称及序号,以保证被测系统与实际工程产品的一致性。因为系统测试是按商业合同中工程的配置要求进行的,而每一个工程的连接方式又不一样,所以系统测试是个性化测试。系统测试的许多操作步骤都是由人工完成的,为确保系统测试的质量,每个工程的系统测试都要有相应的责任人。

2. 整机包装

经过系统测试的整机产品可进行整机包装,包装箱上应有实际的工程名称及发货地点,并且工程名称与包装箱内整机的工程名称一致。

二、系统测试环节的成本性态分析与归集

1. 系统测试是面向商业合同要求的产品测试

通信网络产品的商业合同内容包括多个产品,系统测试的目的是保证用户的需求得到满足,但在交货时,仍是以产品为单位交货的。由此可知,系统测试是面向商业合同要求的产品测试。

2. 系统测试的成本动因

系统测试要按商业合同要求,把多个整机产品从整机成品库中调取出来,连接上商业合同中要求的网络,再进行测试。

系统测试的成本包括整机产品的搬运人工成本、连接耗材成本、测试仪表折旧、测试人工工时成本、测试电耗成本等。

每个商业合同的组网不一致,为方便核算系统测试成本,可将一个中等复杂程度的网络作为系统测试的参考标准,按系统测试的各项成本,核算出一个标准网络系统测试的统计平均成本,以这个统计平均成本作为本年度的系统测试平均成本,且以后每年都要重新核算一次系统测试的统计平均成本。由此可见,提前做好系统测试环节的统计平均成本可简化成本的核算过程。

另外,系统测试的目的是提高整机产品的用户满意度,系统测试产生的统计平均成本应计入产品成本中。核算方法是:首先用中等复杂程度的标准网络测算系统测试的统计平均成本,其次将这个中等复杂程度标准网络中的整机产品个数,作为系统测试的统计平均整机个数,最后将标准网络系统测试的统计

平均成本除以统计平均整机个数,即为每个整机产品上应增加的系统测试变动成本。

3. 系统测试环节的成本性态

系统测试是将整机测试合格的整机产品按用户实际订货的工程配置,连接成为实际工程系统后进行的测试,此测试仍是以单位产品为基础的,也是单位产品出厂前的测试工序之一。因此,系统测试产生的成本与产品生产数量有着密切的关系,系统测试环节产生的成本属于变动成本。系统测试环节不考虑不合格品的成本摊销。

第八节 发货管理环节的职能、成本性态分析与归集

一、发货管理环节的职能

1. 工程配置齐套

工程配置齐套是发货管理中的一个重要环节。工程配置齐套是指根据商业合同中工程设计的具体配置要求,备齐工程所需的各种自生产产品、外购产品、部件、配件、各种安装材料、线缆等,要细化到每一个安装零部件。工程配置中缺少任何一个部分,都会造成工程配置不能齐套,这将导致全部设备库存积压,直到工程配置齐套。如果等到工程发货时,再临时开展工程配置齐套工作,那么将难以在短时间内完成配置齐套。因此,工程配置也要运用计算机管理软件来进行管理,而且要提前准备。在生产计划管理环节中,生产企业下达物料采购任务的同时,要安排工程配置齐套的任务。

2. 发货运输管理

发货运输管理与工程配置齐套工作密切相关,一旦工程配置齐套后,就要按工程的要求,对同一工程的所有器材进行包装,尽可能做到同一工程的器材统一发货、运输,以确保同一工程的器材能同时到达工程现场。发货运输的工作主要靠人工进行,因此,出差错的概率相对较高,对此,生产企业要通过各

种措施，尽可能地减少发货运输中的差错。

二、发货管理环节的成本性态分析与归集

1. 发货管理环节以产品为单位

发货管理环节以产品为单位，由包装和运输作业组成。

2. 发货管理环节的成本动因

每个产品为避免在运输过程中损坏，都应进行包装，小到包装盒，大到包装木箱。包装材料成本、包装内减震材料成本、包装过程人工成本、发货到火车站等运输单位的发运成本、长途运输成本、保险费等都是发货管理的成本动因。其成本归集方法以产品为单位，将该产品的包装、保险、运费等进行累加。

3. 发货管理环节成本的性态

发货管理的工作量、成本都与产品的生产数量有直接的关系，其中与单位产品密切相关的成本是产品的运输费、保险费、包装费等。这一部分成本是直接为产品服务的，属于变动成本。我们也应计算出每种、每件产品在不同长途运输方式中的统计平均变动成本，以简化后续变动成本核算的具体工作。

第九节 库存管理环节的职能、成本性态分析与归集

一、库存管理环节的职能

库存管理分为物料库存、器材库存、中间件库存及整机产品库存等部分。库存的作用有两个：一是为了应急，起到缓冲的作用，在商业合同生产计划之外，另外安排一部分生产计划，以调剂突发性的市场需求；二是物流因素会造成同一批次产品所需的物料、器材不能同时到达库房，而先期到达的物料器材只有先入库，待剩余的货物齐套后才能生产或发货的情况。

1. 物料、器材的库存管理

物料、器材的库存管理也有应急缓冲和等待齐套两个功能。对于应急缓冲

功能，我们要做好两个方面的工作：一是要根据计划储备一部分商业合同之外的物料及器材，以便在紧急情况下能快速加工出应急的产品；二是对于有些供货周期较长，且周期不稳定的物料，特别是独家供货的或特殊定制的物料，由于货源的不稳定性及补救困难等，要提前预存，以防万一。

等待齐套的库存功能不产生价值，这部分库存越大、库存时间越长，损失越大。只有通过加强采购管理工作的科学性，才能最终达到零库存的目的。

2. 中间件库存管理

中间件库存是指已生产的合格单板的库存。中间件库存管理的功能有4个：一是为整机测试提供所需的单板；二是为客户购买整机产品的单板备件、维修件做备货准备；三是为公司的工程人员、售后服务人员准备工程、服务所用的单板备件；四是在整机测试前，等待所需单板齐套。在以上中间件库存管理的功能中，等待单板齐套的时间较短，因此，中间件库存管理不以等待单板齐套为主要功能。

3. 整机库存管理

整机库存管理也有应急缓冲和等待齐套两个功能。应急缓冲的作用有3个：一是为了应对小批量的突发性紧急订货；二是为了应对突发性的用户设备损坏；三是为了应对生产线意外停产。生产企业要合理预测应急缓冲库存，并动态补缺，以保持应急缓冲库存量的稳定。

整机等待齐套的库存实际上是被动库存，其产生的原因是在按商业合同中实际工程配置要求发货时，缺少某些产品、配件、附件、安装件等，被迫停止发货，以等待缺少的部分齐套。在等待期间，已生产出来的整机产品和已到货的外购件等被迫入库保存，形成库存积压。等待齐套的整机库存不产生价值，且整机库存的积压损失远大于物料库存的积压损失，因此，要尽可能地减少等待齐套的整机库存时间，最终达到零库存的目的。

二、库存管理环节的成本性态分析与归集

1. 库存管理是面向所有产品的公共服务

无论是物料库房、中间件库房，还是整机产品库房，都不可能按产品型号单独存储产品（除非该企业只生产一种产品），而是按作业流程来公共存储产

品,不同的产品型号在同一库房中应划分不同的区域来存放。

2. 库存管理的成本动因

库存管理产生的成本包括库房折旧或租金、库房管理员人工费用、照明费用、搬运费用等,库存管理的成本核算将以上产生的费用累加即可。

3. 库存管理环节的成本性态

库存管理产生的主要成本是仓储场地费用和人工费用,这部分费用与产品的生产数量没有密切的关系,不属于变动成本,属于固定成本。库存管理成本在完全成本法中可纳入固定制造费用。

第十节 中试管理环节的职能、成本性态分析与归集

一、中试管理环节的职能

中试是新产品研发阶段完成后,或对已在线生产销售的产品进行技术改进后,进入大规模生产阶段之前的中间试验。中试阶段是新产品或改进后的产品小批量试生产阶段。中试的范畴包括新产品、改进产品的生产验证,可生产性改进,生产自动测试装置研究,生产工艺研究,产品物料更换验证,产品软件、硬件设计更改及更改验证等。中试环节是确保高新技术产品质量的一个不可缺少的生产环节,它将伴随高新技术产品的生命周期长期存在,是高新技术产品生产过程中的一个重要环节。

1. 确认产品设计的正确性

从严格意义上来说,公司研发部应有自己的测试部,测试部主要负责完成产品的"白箱测试"。"白箱测试"的功能是对新产品的内部外部特性、功能、技术指标等进行测试。"白箱测试"由研发部人员和测试部人员共同完成,这一环节不属于中试的范畴。而产品的"黑箱测试"、系统集成测试工作只针对产品的外部特性及组网特性,这一部分的测试验证工作,起到确认产品设计正确性的作用,可纳入中试的范畴。

确认产品设计正确性的工作有两层含义：一是通过测试来确认从公司研发部交出的新产品达到原设计的要求，以及规模生产的要求；二是对于已经投产的产品，由于各种因素对原产品的设计进行修改，为确保产品质量，需要通过中试对修改后的产品进行测试、验证，以确认其修改的正确性。

2. 生产自动测试装置的制作

如果要保证高新技术产品的生产质量，就需要用自动化测试来取代人工测试。因此，我们应根据每一种模拟物料的特点、每一块电路板的特点以及每一个整机产品的特点，设计、制作出相应的自动测试装置及工装夹具，以满足自动化测试的要求。

3. 对产品生产的技术支持

高新技术产品在生命周期内的生产，都要有强有力的技术支持保障，这是确保产品质量的一个不可缺少的环节，这一点有别于传统产品的生产过程。通信系统产品生产的技术支持覆盖面较广，例如，模拟物料参数的离散性对产品质量会产生直接的影响，即使是同一物料厂商生产的同一型号的模拟物料，这一批次与上一批次相比，参数也可能会发生较大的变化，情况严重时，会造成单板、整机产品的技术指标不达标，一旦发生这种情况，产品生产线上需要配有相应的技术人员予以解决。再如，有的产品的可生产性较差，单板一次测试通过率较低，会严重影响生产线的生产效率和产品质量，需要对PCB布线、电路参数做调整，以解决产品的可生产性问题。有时产品中原来采用的物料停产，需要用新的物料进行替换；有时为降低产品的成本，需要对原有的物料进行更换，这就要对原来的局部电路进行设计更改；有时要根据用户的要求对产品性能进行局部提升等。以上的各种情况都需要有一支技术支持队伍来保障已上线产品的后续生产和产品质量。与此同时，生产企业的研发部已承接了新型号产品的开发，并没有过多精力兼顾已经大规模销售的产品。因此，企业一定要有一支专业的技术队伍确保在线产品的生产，同时要将中试作为高新技术产品生产过程中的一个环节来布局，中试应伴随产品的生命周期而长期存在。

4. 生产工艺、文档编制

为保证产品大规模生产的正常进行，生产企业中试部门在中试环节中进行小批量验证生产的同时,还要编制大规模生产所需的生产工艺文件及各种技术文档,这是一项基础性工作。在新产品投产时,这种工作的工作量其实很大。在产品投产后,任何技术文档的设计变更都应由中试部门控制、批准。

5. 中试管理环节既有公共又有产品职能

中试管理环节从道理上来说,是直接为产品生产服务的,可用于保证产品的可生产性,解决产品生产过程中出现的各种问题。但当企业的新产品种类很多,面临企业高端人才紧张的局面时,企业往往在中试环节中进行人员复用和仪表复用。复用后中试变成资源共享环节,但又为各种产品直接服务,因而会出现成本难以界定的情况。解决这个问题的方法有两种:一是补充人力、加大资源的投入,使每种产品都有自己独立的中试环节;二是以产品的中试作业为驱动,逐步分离已混合的成本。后者虽然不用增加投入,但是需要做大量的基础性工作。

二、中试管理环节的成本性态分析与归集

1. 中试管理的成本动因

中试管理成本有技术支持工程师的人工费用、产品验证仪器仪表折旧费用、比重较大的试验性材料费用、产品报废、电耗、差旅费用等。但以上这些成本是由各种产品中试作业驱动产生的,是有源头的。在中试没有按产品线完全分离之前,建议先抓大头。中试环节中最大的成本是试验性材料、产品报废产生的成本损失。在中试环节会产生大量的不合格品,而这些不合格品的数量与中试产品的数量密切相关。中试产品的不合格率很高,在高新技术产品中,中试环节的不合格率大于50%是十分正常的情况,中试环节的不合格品应纳入产品损耗成本。在年度结算前,企业可先确定报损率(例如50%),然后按比例计提,将损耗成本作为该产品的成本摊销到每个单位产品的成本中。

2. 中试管理环节的成本性态

中试环节产生的成本主体是混合成本,以上所说的成本均与产品生产数量

有关，但不是线性关系。如果混合成本不能被分解到产品中，就只能作为固定成本进行核算，这就会带来极大的核算误差，因此，企业只有通过资源驱动、作业驱动来分解中试环节中的混合成本。

资源驱动可先解决中试产品的报损成本性态问题。中试环节中的报损产品数量不仅与产品的中试数量有密切的关系，还与产品的总产量有关。总产量越大的产品，中试的批次也越多，因此，中试环节的报损产品应被纳入该产品的变动成本。由于报损产品都是整机，所以报损值较大。企业应制订报损计划，可在该产品的销售收入分摊计提损失，把这个计提损失除以预计的产品销售数量，即是单位产品在中试环节发生的变动成本主体。

其他的中试成本可以以中试作业为驱动因素，一一剥离，最终把中试环节的混合成本全部归集为各个产品的变动成本。

第十一节　工程安装、调试管理环节的职能、成本性态分析与归集

一、工程安装、调试管理环节的职能

工程安装、调试管理是通信系统产品生产过程中不可缺少的环节，但这个环节在绝大多数传统行业的生产过程中是不存在的。绝大多数的传统产品及部分高新技术产品被用户购买后，用户可按照说明书的指导来使用该产品，或通过第三方简单安装后即可使用。但对于通信系统高新技术产品，用户在购买之后，并不能直接使用，必须由生产该通信系统产品的企业进行专业的工程安装，并进行现场系统调测，设置各类用户数据，最后正式开通该产品，才能交付用户使用。可以说，工程安装、调试管理环节不在工厂内部，是在用户机房内进行的生产环节。

1. 产品工程安装

在通信系统产品工程安装前，工程技术人员首先要进行工程设计，然后

按照工程设计的具体要求,将各种整机产品安装、固定在相应位置,并按照工程设计进行施工、布线连接,以保证外部电源、传输线、系统网络管理的正确接入。

2. 系统产品调试、开通

系统产品调试、开通是指对已安装完毕的系统产品进行现场调试,由于用户现场的各种环境条件与生产企业内的生产测试环境有较大的差别,生产企业已通过系统测试的产品在用户现场测试时,可能达不到原已达到的技术指标要求,通过在现场的实际系统调测,最终要达到符合在用户的现场条件下,系统产品能满足各项技术指标的要求。系统产品工程安装和开通完毕后,要进行工程验收。只有验收合格的工程,才能正式交付用户使用,至此,系统产品的生产过程才算真正结束。一般从工程安装到工程初验,需要3个月或更长的时间,这期间产生的成本属于产品成本范畴。

二、工程安装、调试管理环节的成本性态分析与归集

1. 工程安装、调试管理环节以产品为对象

在通信产品制造的过程中,工程安装、调试是位于企业生产场地之外的生产环节。每一个通信系统产品都需要进行工程设计、工程安装和工程调试的工作。为了防止测试合格的产品发货到用户驻地后,用户仍然无法正常使用该产品,必须由制造厂商委派工程技术人员到用户驻地现场进行工程设计、工程安装和工程调试,而且工程技术人员的工作量和所产生的成本是以单位产品为基本单元核算的。

2. 工程安装、调试作业的成本动因

(1) 工程安装

对通信网络产品而言,工程安装包括机房站址选择、产品搬运到现场、天线安装、设备安装、楼内外布线、工程督导等,这些工作中将产生以下费用。

① 人工费用、差旅费用。所有搬运、安装是要消耗人工成本的。如果是制造厂商派人完成,还需要产生所有派出人员的差旅费用。这些人工费用、差旅费用的产生都是以通信网络产品为成本动因的,由此我们可以计

算出一个通信网络产品安装所需的统计平均成本。也可按照这个统计平均成本对外分包通信网络产品安装任务，外包后，安装作业所产生的成本就相对固定了。

② 耗材费用。移动通信基站的安装地点与天线的安装位置往往是分离的，需要用光缆、射频电缆等线材进行连接。由于每个基站到天线的距离视工程环境而定，这些线缆的耗材长度是不确定的。如何能够精确管理线缆耗材，需要精心策划。我们可以确定一个以单基站为单位的统计平均线缆成本作为工程安装线缆的成本标准。

③ 工程督导费用。工程安装工作可以外包，但工程督导的工作一般由制造厂商直接承担。工程督导的责任是指挥工程人员安装，所产生的费用主要为人工费用和差旅费用。工程督导的工作量也是以一个产品为基础单位，依此可核算出单个产品的统计平均督导成本。

综上所述，单个产品的总工程安装成本是单产品安装统计平均成本，加上耗材统计平均成本，再加上工程督导的统计平均成本。

（2）工程调试、开通

工程调试、开通是一个技术性较强的工作，一般由制造厂商自己完成，其主要工作是对已安装好的网络产品加电、调试产品的技术指标。其主要的成本是工程师的人工费用、仪器仪表的折旧费用、单板损坏及布线报废费用、差旅费用等。由于工程调试、开通受很多外部条件的影响，完工时间难以控制，所以工程调试、开通作业的人工费用及差旅费用难以控制。需要统计出单位产品的平均调试、开通成本。

工程安装、调试、开通是唯一在企业生产场地之外的生产作业环节，也是最难控制的，其成本数额较大，是仅次于直接物料材料费用的变动成本，而且都是以一个产品为单位的成本。

3. 工程安装、调试、开通环节成本的性态

工程安装、调试、开通环节的成本是变动成本，在产品变动成本总额中所占比重较大，也是弹性动态范围较大、较难控制的变动成本。该成本应计入通信网络产品生产变动成本，许多企业没有将其计入产品成本，而是作为固定成本管理，这是不合适的。

本章小结

本章对各个生产作业环节（生产计划管理、采购管理、装配生产、单板测试、整机测试、系统测试、发货管理、库存管理、中试管理、工程安装、工程调试、生产过程及质量管理等）的成本动因进行了深入分析，找出了每个生产作业环节消耗的成本，并分析出每个生产作业环节的成本性态，以此判断出每个生产作业环节中产生的变动成本。

必须强调的是，本章并没有把重点放在每一个生产作业环节的成本具体数值的计算上，其理由是每一种产品的具体成本数值的计算差异较大，且容易将读者引入具体的财务计算过程中去。本章重点强调的是分析生产作业环节成本动因、成本性态的方法论，掌握一套分析、解决问题的方法比只会计算某一个产品的具体成本数值要重要得多。在作业变动成本法中，生产作业环节的成本动因分析和成本性态分析是最重要的。因为采用作业变动成本法的最终目的是降低产品的变动成本，提高高新技术产品的回报率，而不只是为了核算产品成本，这也是经济决策的根本目的，希望读者能掌握本章分析生产作业环节的成本来源、成本动因、成本性态的方法，为降低变动成本，进行产品的经济决策打下基础。

本章提到的生产作业环节的变动成本核算方法，更多的是讲述变动成本的生成动因，依此生成成本动因，可进一步计算出生产作业环节变动成本的具体数值，特别是要掌握统计平均成本的计算方法。得到每个生产作业环节变动成本数值的目的是制订一个可按年度对比的作业环节变动成本参考标准，并依此编制管理报表，这样在同一个生产作业环节中，形成可进行同期对比的标准，以达到逐年降低生产作业变动成本的目的。

思考题

1. 元器件的采购是较大的变动成本产生的源头，在采购环节中，当产品的元器件品种较多且每种元器件的数量较少时，招标压价的成效往往较低，这是为什么？如果你是产品的设计者，你该如何设计才能充分发挥招标压价的成效，从而尽可能减少元器件的变动成本？（讨论题）
2. 针对本章的生产流程，单板测试、整机测试也是较大的变动成本产生的源头，需要消耗大量高级工程技术人员的工时及大量的高级仪器仪表占用时间的折旧费用。如果你是产品的设计者，你该如何设计才能尽可能地减少单板测试、整机测试环节的变动成本？（讨论题）

第六章
销售、服务环节变动成本分析与归集

产品的变动成本不仅存在于生产的作业环节中，同时也存在于产品销售和服务的作业环节中。在不同的学科、不同专业领域，产生产品变动成本的作业环节也不尽相同，无论是什么作业环节，只要其成本动因、成本性态符合变动成本的特点，就可以在这个作业环节内归集出产品的变动成本。

本书的第五章分析了产品各生产作业环节的变动成本,将生产流程中各作业环节产生的产品变动成本相累加,就可核算出产品在生产流程中的变动成本总额。但产品的变动成本并不只等于产品在生产作业环节内产生的变动成本,产品变动成本应该是产品在生产环节、销售环节,以及售前、售后服务环节发生的变动成本总和。

第一节 产品销售环节的职能、成本性态分析与归集

一、销售环节的职能

1. 营销平台的建设

企业的营销平台是企业的营销网络。营销平台不是只为企业某一个产品的销售服务,而是同时为企业内多个产品线提供销售服务,是为多个产品线建立客户关系,保障客户利益的平台。营销平台所产生的成本与被销售的各类产品没有直接的关系。

2. 产品销售

产品销售有不同的模式,包括直销、代理、代销等模式,产品销售的对象就是产品本身。

直销:企业销售部门自己营销本企业的产品。

代理:由其他企业代理本企业的产品销售,企业要支付代理费用。

代销:由其他企业代替本企业进行产品销售,企业要支付代销费用。

二、销售环节的成本性态分析与归集

1. 营销平台的成本动因

营销平台的成本主要是营销网络的建设、运营成本,以人工费用、场地费用、办公费用、广告费用为主,由于其不只是销售一种产品,所以其成本与产品销售数量并没有直接关系。

2. 产品销售的成本动因

产品销售的对象是产品,无论销售过程中产生什么样的成本,例如,差旅费用、客户关系费用、人工费用等,都与产品的销售数量有直接关系。由于每件产品的销售成本是变化的,所以要计算出一个年度周期内的单位产品的统计平均销售费用。

3. 销售环节的成本性态

(1) 营销平台的成本性态

营销平台成本与某产品销售数量没有直接关系,因此,营销平台的成本性态是固定成本。

(2) 产品销售的成本性态

在产品的销售环节中,产品的代理、代销及对销售人员奖励等费用支付,可能会产生产品销售环节的变动成本。

① 产品的代理、代销。企业在委托第三方进行产品的代理、代销时,通常是以单件产品为单位,计算并支付产品的代理、代销委托费用,而这种以单件产品为单位支付的费用就是典型的变动成本,应计入产品在销售环节中的变动成本。

② 销售费用与产品销售额按比例挂钩的成本政策。有的企业对内部销售部门,按单位产品来核算销售费用的计提,例如,按产品销售单价 2% 的比例来核定该产品的销售费用限额,也是产品销售环节的变动成本。

③ 对企业内部销售人员的销售奖励政策。有的企业对其内部销售人员有额外的产品计件销售奖励,除正常工资外,每销售一件产品,就给予一个销售奖励,这也是产品销售环节的变动成本。

第二节　产品售前、售后服务环节的职能、成本性态分析与归集

一、产品售前、售后服务环节的职能

1．产品售前服务

产品售前服务是指对潜在的客户，上门进行产品的介绍、宣传、演示，按潜在客户的需求，为其设计产品应用方案，其目的是让客户了解生产企业和产品特性，为销售排除技术障碍。

2．产品售后服务

产品售后服务是指在销售合同签署且产品发货交付后，产品在使用过程中出现问题，制造厂商到现场排除产品故障的服务。售后服务又分为保修期以内的售后服务和保修期以外的售后服务。保修期以内的售后服务是免费的，在保修期内产生的差旅费用、人工费用、设备换板成本费用都是制造厂商自理。保修期以外产生的售后服务，原则上应是有偿服务，这时产生的任何费用都是一次技术服务项目的销售成本，即一个新的服务产品的成本。

3．产品委托售后服务

产品委托第三方进行售后服务分两种情况：一是保修期内产品的委托服务，制造厂商要向第三方支付委托服务费，委托服务费是以产品为计价单位的；二是保修期以外的委托服务，因保修期以外的服务是收费的，所以它相当于产品的代销。

二、产品售前、售后服务环节成本性态分析与归集

1．产品售前、售后服务的成本动因

无论是产品制造厂商自身承担售前、售后服务，还是委托承担服务，都是以产品为对象的，应根据上一年度每种产品产生的售前、售后服务成本总额，

除以上一年度该产品的销售总数量,得到该单位产品的售前售后服务统计平均成本值,作为当期的参考值。

2. 产品售前、售后服务的成本性态

售前服务是以产品为对象的,产品销售数量越大,潜在的客户就越多,售前服务的工作量也就越大,因此售前服务的成本性态是变动成本,应按规定的周期核算售前服务的统计平均变动成本数额。

售后服务包括两个部分。一是产品保修期内的售后服务,这一部分的工作量和所产生的成本不仅与产品的生产数量密切相关,而且由于在保修期内,制造厂商已承诺在该期限内,对出现质量问题的产品实行包修、包换、包退处理,因此,这一部分所发生的成本不仅是典型的变动成本,而且应计入生产成本之中。二是产品保修期之外的售后服务,这一部分的工作量和所产生的成本也与产品的生产数量密切相关,属于变动成本,但该服务是保修期外的服务,应为有偿服务,该部分服务所产生的成本应分两种情况分别处理:一是在保修期后仍为无偿服务的,其成本应纳入产品质量损耗成本管理;二是保修期后为有偿服务的,该服务应被作为一种服务产品来管理,单独进行成本核算。

第三节 产品全成本概念下的变动成本总额

一、产品全成本概念下的变动成本归集

产品全成本概念下的生产作业环节包括研发流程各环节、生产流程各环节、销售及服务流程各环节,通过第四章、第五章、第六章分别对研发流程各环节、生产流程各环节、销售及服务流程各环节的成本性态分析及变动成本的归集,我们得知除了研发流程各环节之外,生产作业、销售及服务流程的大部分环节存在产品的变动成本,产品全成本概念下的产品变动成本总额计算如下。

产品变动成本总额=生产流程各环节变动成本+销售及服务流程各环节变动成本

二、遵循变动成本的性态来归集产品的变动成本

即使在同一行业、专业领域，不同的企业、产品的生产环境、流程、工艺也可能会不完全相同，如果处在不同的行业、专业领域，不同企业、产品的生产环境、流程、工艺的差别就会更大，虽然产品全成本概念下的产品变动成本总额公式还是成立的，但是生产流程各环节、销售及服务流程各环节的成本性态、成本消耗会有很大的差别，因此企业一定要懂得变动成本性态、归集变动成本的基本原理，要遵循变动成本的性态来归集不同产品中不同作业环节的变动成本，不能教条地照搬或照抄。

本章小结

本章分析了企业销售环节及产品售前、售后服务环节的职能，销售环节及售前、售后服务环节的成本动因，以及成本的性态，从中追溯企业销售环节及售前、售后服务环节的变动成本。

通过本章分析可知，一个产品的变动成本不仅有产品的生产变动成本，还应有产品销售变动成本和产品售前、售后服务变动成本。产品变动成本等于产品生产变动成本加上产品销售变动成本，再加上产品售前、售后服务变动成本。

 思考题

1. 在什么情况下，产品销售环节中的成本会成为变动成本？
2. 已销售的产品如果还在保修期内，其售后服务的成本为什么是产品变动成本？
3. 在什么情况下，超过保修期的已售产品售后服务成本不再被纳入该产品变动成本的范畴？为什么？
4. 通过前面几个章节的学习，你能够列出构成移动基站产品变动成本总额的

所有作业环节吗?

5. 除了第四章、第五章、第六章中已归集的能产生产品变动成本的作业环节之外,你能否再列举一些书中虽然没有提到,但有可能会发生的产品变动成本环节?为什么?(提示:产品变动成本包括但不限于专利使用费、技术转让费)

第三篇
产品作业变动成本及固定成本的优化

- 第七章　优化产品成本是经济决策的核心
- 第八章　通过优化设计方案降低产品变动成本
- 第九章　通过优化设计方案降低产品固定成本
- 第十章　产品变动成本的控制与管理

第七章
优化产品成本是经济决策的核心

产品有技术和经济双重指标,产品的设计解决方案是否合格,就要看它是否同时实现了预期的技术指标及经济指标。目前,我们经常遇到产品的设计解决方案实现了技术指标,但产品却没有实现预期的经济指标。也就是说,产品经济决策的结果达不到预期要求。一旦出现这种情况,企业就必须优化产品的变动成本及产品的固定成本,优化产品成本是经济决策的核心,而优化产品成本的最佳方法就是修改产品的设计解决方案。

第一节 产品研发、设计方案对生产作业环节成本的决定性作用

一、研发流程各环节不产生产品变动成本

产品研发流程中的策划、研究、开发、测试、验证环节虽然要消耗大量的资源，但研发阶段中的策划、研究、开发、测试、验证环节的成本是在产品规模生产前就已经产生了，这些消耗资源总额不会随产品生产数量的增加而增加，它们是固定不变的，因此产品研发流程中的策划、研究、开发、测试、验证环节的成本性态不是变动成本，而是该产品的固定成本。

二、设计解决方案对生产作业环节的成本起到决定性的作用

虽然产品的研发阶段自身并没有产生产品的变动成本，但研发阶段的设计解决方案对生产作业环节的变动成本起到至关重要的、决定性的作用，其原因是产品的设计解决方案直接决定了生产作业各环节中变动成本发生的方式和数量，下面我们来阐述产品设计解决方案会直接决定生产作业各环节的变动成本产生方式、数量变化的原理。

1. 采购管理环节

在前面生产作业环节的成本性态分析中，我们已经得知物料货款及物料入库检测费都是产品的变动成本，而且物料采购清单中的物料是产品变动成本的重要组成部分，但物料采购清单中的物料种类、数量和单价是谁决定的呢？其

实就是产品的设计解决方案决定的。虽然产品在研发阶段并没有产生变动成本，但是产品的设计解决方案却直接决定了物料采购清单中的物料种类、数量和单价，如果在设计产品时调整设计方案，降低采购环节的变动成本，是可以降低采购环节的变动成本的。

采购环节的物料入库检测费也是产品变动成本，而物料入库检测时的主要检测对象是模拟器件，但如果在设计产品时能有意识地考虑用数字器件来取代模拟器件，减少模拟器件的使用种类和数量，也能达到减少产品变动成本的目的。

2．装配生产的电装环节

电装环节中所产生的成本都是变动成本，企业如果在设计产品时有意识地考虑产品的可生产性，考虑用自动化装配、焊接来替代人工装配、焊接，就可以极大地减少人工用时，也可以极大地提高劳动生产率，进而可以有效降低电装环节的变动成本。

3．生产安装、测试环节

在生产作业的安装、测试环节产生的成本都是变动成本，而且安装、测试环节的人工都是工程技术人员，每小时的人工费用很高，外场使用的高端仪器仪表每小时的折旧费也非常高，企业如果在设计产品时有意识地考虑产品的可安装性，用产品自主测试、校准来替代人工测试、校准，甚至用普通工人来替代工程技术人员安装设备，就可以极大地降低人工成本、高端仪器仪表的占用时长，以及安装、测试环节的变动成本。

4．售后服务环节

生产作业中的售后服务环节所产生的成本都是变动成本，而且售后服务环节的人工都是工程技术人员，每小时的人工费用很高，企业如果在设计产品时能够有意识地考虑产品的可维护性，用专家系统诊断软件、主动检测、远程维护等方式来替代人工检测和诊断，就可极大地降低人工成本、高端仪器仪表的占用时长，以及售后服务环节的变动成本。

第二节 优化产品成本是经济决策的核心

一、产品设计解决方案决定了产品变动成本的基线

产品具有技术和经济双重属性，任何企业在下达产品设计任务时，都是同时下达该产品拟达到的功能、性能、技术指标，以及拟达到的成本指标、销售价格。企业在完成该产品的设计解决方案时，应同时完成技术、经济双重属性的要求。产品设计解决方案决定了该产品的功能、性能和技术指标，我们可以通过该设计解决方案来验证产品所有的功能和性能，也可以通过该设计解决方案计算出该产品所有的技术指标。如果有哪一项功能、性能和技术指标没有达到预期的设计要求，那么需要修改设计解决方案，通过重新设计来改变产品的功能、性能和技术指标，直到达到预期的产品功能、性能和技术指标为止。

与此同时，当完成产品的设计解决方案时，产品的变动成本基线也被确定了，之所以称之为变动成本基线，是因为在大致的成本基础上，虽然可以通过采购环节的招标方式及工程实施时的节约方式，再压低一些产品的变动成本，但招标、节约方式的降本幅度是有限的。当完成产品设计解决方案时，我们可以通过该设计解决方案计算该产品在所有作业环节的变动成本，并可计算出该产品的经济决策结果，如果经济决策结果达不到预期要求，就要通过修改设计解决方案的方式改变产品变动成本的构成方式和数额大小，直到达到预期的产品变动成本和经济回报要求为止。

如果完成的设计解决方案只能达到预期的功能、性能和技术指标，而达不到预期的成本、经济指标要求；或完成的设计解决方案只能达到预期的成本、经济指标要求，而达不到预期的功能、性能和技术指标，这样的设计解决方案都是不合格的，必须进行修改，在技术与经济中寻找平衡点，以同时达到技术和经济双重任务指标，这就是产品研发中的经济决策方法。

二、优化产品成本是经济决策的核心

产品的价格是由市场竞争所决定的,产品的销售价格一旦被确定,产品的变动成本就决定了产品的经济回报,因此企业必须要掌握优化产品成本的方法。产品成本方案的设计、选择和运用是经济决策方法的核心。产品变动成本的优化包括对产品全周期、全流程作业环节的变动成本优化。企业不要错误地认为优化产品变动成本只是生产、安装和服务部门的工作,要清楚地知道产品设计解决方案决定了产品的成本基线。

第三节 成本降低的概念

成本降低是指为不断降低成本而做出的努力。由于竞争的需要,每个企业要为提高业绩而不断降低成本。

一、成本降低与成本控制的区别

成本控制是以完成预定成本限额为目标,而成本降低是以成本最小化为目标。

成本控制仅限于有成本限额的项目,而成本降低不受这种限制,涉及企业的全部活动。

成本控制是在执行决策过程中努力不超过成本限额,而成本降低包含正确选择经营方案、设计制订决策的过程,其中包括成本预测和决策分析。

成本控制是指降低成本支出的绝对额,故又被称为绝对成本控制;成本降低还包括统筹安排成本、数量和收入的相互关系,以求收入的增长超过成本的增长,实现成本的相对节约,也可以用价值工程的方式,有意增加产品的功能、性能,通过提高产品的价值来实现成本的相对降低,这又被称为相对成本控制。

二、成本降低的基本原则

1．以顾客为中心

企业要以顾客为中心,就必须统一规划产品的交付时间、质量和成本,同时做到更快、更好和更便宜。企业要在无损产品质量的条件下降低成本。

2．系统分析成本产生的全过程

降低成本不仅指降低生产成本,还包括降低企业其他作业的成本。例如,研究与开发、设计、营销、配送、售后服务等成本。随着科技的发展,非生产成本的比重越来越大,许多企业的非生产成本已经超过生产成本。降低成本不仅指降低生产和其他作业成本,还包括降低管理费用和财务费用。降低成本不仅指降低企业自身的成本,还要考虑降低供应商的成本和客户的成本。企业自身的成本降低了,而客户或供应商的成本增加了,这种情况的成本降低并不能给企业带来长远利益。降低成本是一个系统工程,不能顾此失彼。单独降低某项成本,不顾及其他成本的反应,这种成本节约永远不会体现在利润中。

3．主要目标是降低单位成本

由于总成本的增减与生产能力利用率的升降有关,所以真正的降低成本是指降低产品的单位成本。

4．企业要靠自身的力量降低成本

产品价格变动、税收减少等也会带来成本降低,但降低成本的根本途径在于企业的自身努力。

5．企业要持续降低成本

降低成本不应是企业应付经济萧条的权宜之计,而应是根本方针,应持续不断地进行。"持续不断"是指成本降低没有止境,是无终点的过程。成本降低必须尽快进行,为了领先一步,必须跑得快。成本降低不能停止,不进步就是退步。

本书前几章详细分析了产品变动成本与各生产作业环节的关系,并分析了每一作业环节的成本动因。之所以分析作业环节的成本动因,一方面是为了能准确核算出每个作业环节产生的产品变动成本数额;另一方面是通过分析每一作业环节变动成本动因,找到有效降低作业环节变动成本的措施。

第四节　全局性降低产品变动成本的分析和策划

一、降本需要在全局范围内统筹

有的人认为降低产品变动成本只是生产部门的工作,这是有失公允的,是不全面的。有的降本策略是生产部门可以单独完成的,有的降本策略却无法只依靠生产部门,而是需要企业的多个部门集体协作才能完成的,特别是需要企业研发部门的参与。

全局性策划降低产品的变动成本,要动员企业内的多个部门共同参与,并且要协调、指挥多个部门协同工作。协调难度相当大,但其成效也最为明显。按照实际经验,将降本方式按降低产品变动成本的成效从大到小排序为重新设计方式、提高归一化及共用度能力方式、生产线柔性化改造方式、采购环节控制方式、售后服务控制方式等。其中,重新设计方式的成效最明显。如果企业能将前3项措施进行综合策划,那么其成效将更显著,一次就可降低30%~40%的成本,而且企业可以每隔3年左右再重复实施。全局性降低产品变动成本虽然效果显著,但统筹难度很大,应引起企业管理层的高度重视。

二、组织保障是关键

在企业内从上到下对降低产品变动成本的必要性都有共识,这点是没有争议的。但这是谁的责任,应由哪个部门来负责,却是很难统一的事情。许多人认为,降本是企业财务部门的责任,这种观点是不正确的。产品变动成本的核算、管理的职责在财务部门,但是产品变动成本的规划、控制、降低、考核却在企业的多个部门,要想真正控制、管理好产品变动成本,企业应有组织保障。而实现组织保障的最有效措施就是在企业内成立由财务、研发、生产、中试、工程、售后等多个部门所组成的变动成本控制委员会,由企业领导班子成员直接担任委员会的负责人,并赋予该委员会全局性协调的权力。该委员会对企业各部门的考核具有建议权,以此提高该委员会的权威性和执行力,真正做到由该委员会担负起全企业的产品变动成本的规划、控制、降低、考核的管理工作。

三、降本措施的经济评估

采用重新设计等措施来降低产品变动成本,成效虽然有时会很显著,但该措施是要进行研发及中试投入的。如果在新产品的生命周期内,重新设计带来的毛益贡献总额还不及重新设计时研发、中试的投入总额及产品换代的损耗,就不应采取重新设计的降本措施。因此,企业要对各种降本措施进行经济性评估,评估时要核算出因实施降本措施而产生的成本费用、完成降本措施后产生的单位毛益贡献和新产品生命周期内能产生的毛益贡献总额,还要考虑到新设计产品销售价格可能发生的变化等因素,最后再进行降本措施的综合决策。只有当新设计产品的毛益贡献总额远大于重新设计的投入及损耗时,才能采取重新设计的降本措施。

四、透过局部看全局

有时,一些具体的降本工作采用局部视野(即独立部门)制订的降本措施可能收益甚微,但透过局部用全局的视野制订同一作业环节的降本措施,其降本收益可能会差别较大,企业要会用全局的视野、利用全局的资源来解决看似局部的事情。

本章小结

本章阐述了优化产品成本的一些基本原则,优化产品成本是产品经济决策的核心,如果所完成的设计解决方案只能达到预期的功能、性能和技术指标,而达不到预期的成本和经济指标;或完成的设计解决方案只能达到预期的成本和经济指标,而达不到预期的功能、性能和技术指标,这样的设计解决方案都是不合格的,必须进行修改。优化产品成本方案,在技术与经济中找到平衡点以同时达到技术和经济双重任务指标,这就是产品研发中的经济决策方法,因此,企业要高度重视产品成本的优化,掌握产品经济决策的方法。

 思考题

1. 为什么修改产品设计解决方案能够改变采购环节的变动成本?
2. 为什么修改产品设计解决方案能够改变电装环节的变动成本?
3. 为什么修改产品设计解决方案能够改变测试环节的变动成本?
4. 为什么修改产品设计解决方案能够改变售后服务环节的变动成本?
5. 为什么优化产品成本是经济决策的核心?

第八章
通过优化设计方案
降低产品变动成本

虽然产品的设计、开发流程自身不产生变动成本,但产品的设计、开发解决方案能够直接影响到产品生产、销售、服务作业流程中各个环节的变动成本数额,也就是说,产品的设计、开发解决方案能够决定产品成本的经济指标。产品设计者一定要知道,产品的解决方案不仅决定了产品的技术指标,同时也拥有产品经济指标的"生杀大权"。

第一节　通过优化设计来提高经济决策的效果

虽然产品的研发阶段自身并没有产生变动成本，但研发阶段的设计方案会对生产作业环节的变动成本起到决定性作用，其原因是产品的设计方案直接决定了生产作业各环节变动成本产生的方式和数额，我们可以在产品设计方案阶段或通过修改设计有意识地去改变、优化生产作业各环节（例如，元器件采购环节、电装环节、测试环节、安装调试环节、售后服务环节等）变动成本的产生方式和数额，以达到提高产品经济决策效果的目的。

第二节　降低元器件材料清单的变动成本

元器件采购是产品变动成本总额中占比较大的一部分变动成本，如果企业没有在产品设计阶段统筹考虑，单靠采购部门通过招标的方式降低元器件的采购单价，那么这种方式的收效是有限的。企业要想有效降低元器件的采购单价，一是要避免使用独家垄断的元器件；二是要减少所使用元器件的种类，提高单一元器件的采购数量，尽可能地避免在产品元器件清单中出现元器件种类繁多，而每个元器件种类的数量又很少的结果，因为这样的状况会使企业缺少采购招标时的谈判筹码。但要避免这种状况的发生仅靠采购部门是做不到的，因此企业要通过设计产品解决方案或通过优化设计来达到优化元器件材料清单的目的。

一、避免使用独家垄断的元器件

在产品设计阶段,企业要优先使用有多家厂商生产、供货的元器件,已形成竞争的供应环境,这样既可保证供货渠道的安全,也可形成价格谈判的空间。对于那些没有多家厂商供货的元器件型号,在产品设计阶段,企业要尽可能地选择有替代方案的元器件型号,即便是不同厂商、不同型号的元器件,但其功能、性能和安装尺寸规格能够兼容,这样也可达到渠道安全、有采购议价空间的目的。企业要尽可能地避免采用被独家垄断、又没有兼容替代方案的元器件。

二、元器件的归一化

类似于电阻、电容、电感、插接件这类元器件的标称值太多,在同一类元器件中相邻的标称值很接近。在相邻的几个标称值中,选择哪一个标称值,对被设计的电路而言,可能对最终的技术指标并没有太大影响。在这种情况下,如果不做一些强制性的设计规定,任凭设计人员随意选用,就会造成被选元器件型号的标称值太分散,元器件种类过多且每一种元器件的标称值都不大的结果,从而造成采购成本提升。企业对产品元器件的标称化和归一化应有统一规定,以做到物料、材料的标称化和归一化:对那些功能相近、标称值相近的物料,在不影响技术指标的前提下,尽可能采用同一型号、同一标称值的物料来替代其他的邻近标称值,以实现归一化。因此,企业要科学地对各种类型的物料做一些归一化的限定,在相邻标称值区间,只能选用一种标称值的物料且尺寸、封装等指标都要一样,以减小物料的采购种类,提高同一种类物料的采购数量,实现降低采购成本的目的。在开发新产品时,企业要严格执行物料归一化制度。

三、提高模块、部件的共用度

1. 提高模块、部件共用度的必要性

在高新技术企业中,一个大型的新产品开发项目立项时,参与同一新产

品开发的研发人员有时会达到数百人甚至数千人，新产品中会同时开发许多单板和模块，有许多通用的电路模块、部件要被研发人员选择。例如，电源模块、数字信号处理器（Digital Signal Processor，DSP）、现场可编程门阵列（Field Programmable Gate Array，FPGA）、工业处理器等。除此之外，还有许多基础电路，例如，振荡器、混频器、锁相环、调制解调器等。企业研发部如果没有统一的选择规定，就会导致以下结果：企业在原有的产品上已经开发并得到大量商用产品验证了的基础电路，在新产品中又被新的研发人员重新研发一次，除了多花研发经费之外，新的基础电路又要重新经过中试验证、市场验证，还会增加采购种类，提高采购成本。因此，企业开发新产品一定要提高模块、部件的共用度，降低产品的成本和风险。

2. 通用处理器平台的共用

市面上有各种厂商、各种型号的DSP、中央处理器（Central Processing Unit，CPU）、FPGA处理平台，企业要明确处理器平台的使用规定，规定几种经产品大规模应用验证过的处理器平台供研发人员选用，研发人员不得自行随意选用处理器平台，以提高通用处理器平台的共用度，降低采购成本。

四、技术模块的技术重用

技术重用就是技术的重复使用，这是集成产品开发模式中一种非常独特的产品开发方法。在技术重用管理中，产品开发的目的不仅是要开发出新产品，而且要在开发新产品的同时，有意识地强调规划模块化、平台化的设计，要将这些模块、平台设计成为标准件，以使其尽可能地被以后再开发的新产品重复使用。一旦已有技术被重复使用，这样就可大幅度降低新产品的开发投入，可有效地缩短新产品的开发周期。在产品计划阶段，有一项重要的工作就是评估原有的技术模块、平台被重用的比例，并有意在新进行的产品开发计划中形成更多的技术模块及产品平台，以进一步扩充技术重用的资源库。

企业通过模块、平台的重复使用，甚至可以使不同功能、性能的产品都能够共用硬件平台，使不同型号的产品元器件清单能够趋同，可最大限度地减少元器件的种类，提高单一元器件的采购数量。通过技术重用，企业还能够极大地降低产品自身的研发固定成本。

五、用软件替代硬件

1. 软件定义无线电

随着 DSP 芯片、片上系统（System-on-a-Chip，SoC）芯片的集成度越来越高、处理速度越来越快，原来需要非常复杂的硬件电路才能实现的功能，现在大多可通过 DSP、SoC 的嵌入软件就可实现，而 DSP、SoC 的价格越来越便宜，用 DSP、SoC 加嵌入软件的方式可以替代大量的硬件电路，节省大量的元器件成本，因此，DSP、SoC 嵌入系统的应用越来越广泛，软件定义无线电（Software Defined Radio，SDR）就是一个典型的案例。无线电系统（例如，移动电话机）的基带子系统原本是由非常复杂的硬件系统构成的，电路繁杂、生产调试困难，不仅元器件的型号种类、数量多，元器件的成本很高，而且生产调试非常复杂，需要占用高端技术人员、高端仪器仪表的大量作业时间，生产作业成本也很高。现在企业普遍采用 SDR 方式后，用一片 SoC 芯片就可替代大量的硬件电路，且嵌入软件一旦设计定型后，在生产过程中就不需要调试，不仅节省了大量的元器件变动成本，而且节省了大量人工费用、仪器仪表折旧费等，设计方案也会非常可靠，售后服务成本也很低。

2. 软件定义网络

软件定义网络（Software Defined Network，SDN）与 SDR 有相似之处，但 SDN 的应用规模更大，面对不同功能、性能的复杂电信网络需求，SDN 采用统一的硬件平台，用软件定义网络，以此来实现不同的网络功能和性能。SDN 不仅能够节省大量的硬件、人工变动成本，还能够节省大量的设计开发费用。

六、利用摩尔定律降低系统成本

信息通信技术产品是高新技术的结晶，其产品的先进性和成本的竞争性都高度依赖集成电路的先进性，而超大规模集成电路的技术进步速度太快，按照摩尔定律，每 18 个月集成电路的集成度将提高一倍，性能提升一倍，而同样复杂度的集成电路，价格将降低一半。

全世界的集成电路技术进步很快，每年都有大量的新型集成电路上市。新型的集成电路在功能、集成度方面远高于原有的集成电路，价格明显低于原有的集成电路，如果企业能用某种新型的集成电路替代原有的集成电路，则产品成本的下降幅度就非常可观了。除此之外，集成电路的更新日新月异，每一种型号的集成电路的生命周期也是有限的（一般不超过10年）。在原来高新技术产品中所使用的集成电路的使用年限已接近其生命周期的最后几年时，这类集成电路的订货不仅会很困难，而且其价格还会上涨。因此，每隔几年，企业就要重新设计原来的高新技术产品。重新设计的主要目的是用最新的技术、最新的集成电路来降低产品成本。因此，用技术进步的方法来降低产品的采购成本是一项无止境的工作，应常抓不懈。用技术进步的方式来降低产品采购环节的成本，是所有降低采购成本方式中效果最显著的，在高新技术产品中尤为如此。

企业利用摩尔定律降低集成电路的成本，不是坐等18个月以上，集成电路的价格就自然会规律性降低。实际上，摩尔定律是指当时间跨度超过18个月以上时，采用新的"线宽"工艺生产出来的集成电路型号会出现集成度提高一倍、价格降低一半的结果，而原有工艺的集成度的集成电路型号是不会因为时间的推移自动提高集成度的。

企业采取产品重新设计的方式来降低产品的材料成本是最有效的降本方式，每重新设计一次，就可降低30%~40%的材料成本，而且每间隔3年左右可再重新设计一次。

虽然采用产品重新设计的方式降本效果明显，但是这个工作是单个生产部门无法完成的，需要企业的研发部门、中试部门及生产部门的共同协作。由此可知，进行重新设计方式的降本是企业内全局性的降本策略。

需要注意的是，虽然用产品重新设计的方法可大幅降低产品的变动成本，但是重新设计的间隔不能太短。其原因一是集成电路的更新速度没有那么快，而且刚上市的新集成电路也可能会存在一些隐性的缺陷尚未暴露，过快地规模使用新型集成电路，可能会使新产品成为集成电路厂商的"试验田"；二是产品重新设计是要进行研发投入的，而且新产品的中试也会产生大量的产品报废损耗；三是原有产品的产成品、半成品、物料的库存难以在短时间内消化完，新产品的推出会使老产品的产成品、半成品、专用物料的存货面临报废，会产生产品换代的损失。总而言之，产品的重新设计会带来大幅度的产品变动成本降低，但同时也会产生新的投入消耗和产品换代的损失。企业在采用重新设计方法降本时，应进行经济决策，计算出新产品的投入消耗和换代损失的总额，核算出要用多长时间才能设计出新产品，以及需要多少销量才能使新产品的毛益贡献总额大于重新设计投入消耗和换代损失的总额，以此来决定是否应进行新产品的重新设计。

七、超大规模集成电路选用原则

在设计和研发产品时，研发人员要选择产品设计方案中的超大规模集成电路，例如 DSP、FPGA、CPU 等，选择这些超大规模集成电路的原则是什么？规模越大越好？越先进越好？选择的原则不是规模越大越好、越先进越好，而是超大规模集成电路的集成规模、速度、能力可满足设计要求，够用就行，对于规模越大、性能越先进的超大规模集成电路来说，它看起来是"高""大""上"，但实际成本也非常高，它将直接成为产品变动成本的组成部分，会直接影响到产品经济决策的结果，因此我们不能为了追求器件、平台的先进，而影响经济指标的实现。

第三节　降低生产作业环节的变动成本

一、用自动测试替代人工测试

1. 修改研发、设计解决方案来优化生产测试环节的变动成本

对于通信、信息、电子类产品，单板测试、整机测试、系统测试是产品生产作业中的重要环节，由于产品的技术复杂度非常高，集成度也很高，且无论是单板测试、整机测试，还是系统测试环节，要测试的技术指标很多，所以这些环节需要大量的工程技术人员参与测试工作。如果完全采用人工测试的方式进行单板测试、整机测试及系统测试，那么即使是对一个产品进行测试，需要

花费工程技术人员的作业时间非常长,对高端仪器仪表的占用时间也同样很长,最后在测试环节归集出来的变动成本可能会达到一个惊人的数额。如果企业要生产一部 5G 智能手机,那么它需要测试的射频、基带、操作系统、协议栈、应用软件等功能、性能技术指标可能会多达上千项,对于这么复杂的系统,用人工方式来测试,即使是由高等学历水平的工程技术人员测试,测试时间也要一个月,假设通信专业毕业的硕士生一个月的收入是 8000 元,加上一个月的高端仪器仪表的折旧费,一部 5G 智能手机在生产测试环节的变动成本就超过了 10000 元,再加上元器件材料费及其他环节的变动成本,这个智能手机的变动成本就会成为天文数字。

因此,对于复杂的通信、信息、电子类产品一定不能采用人工测试的方法,必须用自动测试来替代人工测试,但用自动测试来替代人工测试也不是很容易就能够实现的,必须要在研发、设计产品时,在产品中增加许多测试环路,以保证百分之百的产品可测性,并且还要额外设计一个能够自动驱动仪器仪表工作的自动测试装置,用这个自动测试装置来替代人工进行产品全部功能、性能和技术指标的测试。

优化生产测试环节的变动成本对产品设计者提出了更高的设计要求,虽然这些更高的设计要求会增加产品的复杂度,会增加一些元器件材料的变动成本,但是一旦实现了生产自动测试,企业就可极大地降低生产测试环节的变动成本,这是非常值得付出的成本优化工作。目前,用自动测试来替代人工测试的方法已被社会广泛采用。

2. 单板测试环节人工费用的降低

(1) 单板自动测试

单板测试生产环节变动成本的主体是测试工程师的工时成本与高端测试仪表的折旧率。为降低工时成本,企业应提高每块电路板的测试效率,以减少每块电路板所需的测试工时。企业应设法降低对测试工程师的技术要求,测试工程师的工资较高,如果都由测试工程师来完成单板测试,不仅难以降低成本,而且会降低测试设备的利用率。最有效的方法是将一个复杂的劳动分解成若干个简单的劳动,设法降低对测试工程师的技术要求,甚至用普通工人来替代高技术水准的测试工程师。

第八章　通过优化设计方案降低产品变动成本

高科技产品的复杂度很高，其测试过程也非常复杂，而产品的测试过程又是保证产品质量的重要手段，绝不能以牺牲产品质量的方式来降低生产成本。解决这一矛盾最有效的方法是用自动测试来替代人工测试。因此，为了能有效控制生产测试环节的变动成本，企业应像重视产品开发一样，重视产品自动测试装置的开发。

单板自动测试装置能自动模拟测试工程师的全部测试过程：单板自动测试装置与测试仪表间用串/并接口相连接，并能自动对测试仪表下达转换测试挡位的命令；测试仪表根据单板自动测试装置的指令，自动换挡，并开始新一轮的测试；测试仪表将该测试挡位的测试结果，通过串/并接口告知单板自动测试装置，单板自动测试装置根据发出的测试指令及接收到的测试结果来判断这一测试结果，并自动将测试结果记录存档。周而复始，单板自动测试装置完成对该单电路板所有技术指标的测试，如果全部测试合格，单板自动测试装置便显示"OK"；如果测试不合格，单板自动测试装置则会自动打印出不合格项及故障诊断结果。单板自动测试装置可以由普通工人来操作，操作人员只须掌握自动测试装置的操作过程。操作人员将所有显示"OK"的被测电路板贴上单板合格证，电路板即可入库，从而完成单板测试过程。只有自动测试后显示不合格的单板，才交给测试工程师进行测试，这样就极大地降低了对测试工程师的需求，从而也极大地降低了单板测试成本。同时，企业也要对测试岗位上的普通操作人员按计件工资进行管理，测一块单板付一份测试费，把测试人工成本全部转为变动成本。

为进一步降低单板测试的生产成本，企业要尽可能提高自动测试装置的普及率，做到每种电路板均可由自动测试装置进行测试，并且要尽可能提高电路板一次测试合格的比例（一次通过率），以进一步降低对测试工程师的依赖。

（2）提高单板的一次测试合格率

企业采用了单板自动测试的技术手段后，并不能保证所有的被测单板都能测试合格，一旦自动测试结果不合格，只有两条处理途径：一是直接将该测试不合格的单板报废，计入损耗成本；二是由技术工程师来逐一修理每一块测试不合格的单板。

由于技术工程师的人工成本较高，而且每个技术工程师还要配备一套仪表才能进行维修，所以一定要提高单板的一次测试合格率。我们一般把这个指标称为产品的一次通过率。一次通过率达到98%左右的产品才具备可生产性。达不到一次通过率指标时，企业一定要请中试部门、研发部门的工程师查找原因，并且加以解决，否则不仅产品的生产成本难以降低，而且会严重影响产品质量。

除此之外，企业还要加强对产品中试环节及生产工艺的管理，以便不断地降低产品的废品率，以进一步降低单板测试生产环节的变动成本。

3. 整机自动化测试

整机测试生产环节变动成本的主体也是测试工程师的工时成本及高端仪表的折旧费，企业可采用与单板测试相类似的方式，用整机自动测试装置来替代测试工程师进行测试，其具体过程可参考单板自动测试过程，这里不再重述。

二、生产线柔性化改造

产品的生产形式分为刚性生产和柔性生产两种。所谓刚性生产形式强调的是大规模生产，一切以提高单位时间内生产线的产品产出数量为目标。为达到规模化刚性生产的目的，常用的方法是提高生产线的专业化程度，固定专用的生产设备和专门的生产支撑人员。每一种型号的产品生产线是经过专业化设计的，去掉了一些与该型号产品无关的功能，而侧重于加强与该型号产品有关的性能。产品生产线的生产支撑人员也经过了专业培训，对该型号产品的生产非常熟练，劳动生产率极高。不同型号的产品用完全不相同的生产线生产。

柔性生产强调的是生产线的共用，追求同一生产线能够按批次生产出不同型号的产品，甚至可根据生产计划的安排，在一天内用同一条生产线生产出多种不同型号的产品。柔性生产以生产线能满足多种型号产品的生产为目的，同时要求生产线上的生产支撑人员能掌握多种型号产品的生产技能。柔性生产线是在多品种产品生产和生产效率之间找到一个最佳点，不追求单一型号产品的生产效率最优，追求的是系统效益最优。

刚性生产和柔性生产各有优点，企业不能简单地用一种方式来替代另一种方式，不同行业及不同经营规模的企业应根据自身特点来选择不同的生产方式。一般情况下，传统行业采用刚性生产的方式来提升生产规模，以降低单位产品需要分摊的生产成本。

1. 产品变动成本与柔性生产的关系

产品变动成本的高低与企业是否采用柔性生产密切相关。当企业的生产任务很饱和，各条专业化的产品生产线都满负荷运转时，刚性生产形式的优点可得到充分发挥，单位产品在制造环节所分摊的固定成本降到了极低的水平，同时单位产品的变动成本也可稳定地保持在一个较低的水平。但当市场需求发生较大波动，部分产品供过于求时，即使大幅压缩供过于求产品的生产规模，也至少保留一条生产线，以备该产品市场的复苏。这时还会出现该生产线的生产人员大量空闲的情况，由于该产品生产线的高度专业化，这些专业化人员也不可能调往其他的产品生产线。如果同时出现多种型号的产品发生市场需求波动，空闲人员的规模就不可小视。按变动成本的性态，原本产品生产数量的下降会导致变动成本总额的下降。它本不应对单位产品变动成本的绝对值产生影响，即不会改变产品的毛益贡献，但由于刚性生产线的专业化特点，在市场需求降幅较大时，许多产品会暂时半停产，产品产量降到某一限额后，产品的变动成本总额将不再随产品生产数量的下降而下降，而会保持一个基准数，所以变动成本的性态会发生改变，单位产品的变动成本绝对值上升，单位产品的毛益贡献率急剧下降。这种情况将会加剧市场波动的风险。

企业采用柔性化生产形式时，所有的同类产品都能在同一类型的生产线上生产，生产人员也能够共用。当某种产品的市场需求大幅下降时，只须缩减该产品在生产线上的占用时间，而把节省的时段调剂给该生产线上的其他产品。如果多种产品的市场需求大幅下降，企业可分别缩减这些产品的生产时段，生产线可供其他产品生产。在满足了其他产品的生产后，如果生产线仍有大量空余，则企业可考虑减少生产线的数量。由于同类柔性化生产线都是相同的，所以在生产线数量及生产人员相应减少时，仍可保证所有产品的继续生产。即使其中个别产品的生产数量已降到极低水平，该产品的变动成本仍可随产品数量的下降按比例大幅下降，保证该单位产品的变动成本绝对值基本不变，这样就保证了变动成本的性态不随市场波动而改变，从而保证了产品的毛益贡献水平不会随市场的波动而发生剧烈变化。也就是说，柔性化生产线能提高企业抵御风险的能力。

由此可见,产品的变动成本与产品的生产形式有着密切的关系,只有柔性化生产形式才能真正确保产品变动成本的性态,才能更科学地控制和管理产品的变动成本。

因此,处于高速成长期的高新技术企业应尽可能将生产线改造为柔性化生产线。下面将以通信系统产品的生产过程为例说明柔性化生产线的改造方法。为了将通信产品生产线改造为柔性化生产线,我们要对产品生产过程中的贴装生产环节、单板测试环节和整机测试环节进行相应改造。

2. 贴装生产线柔性改造

贴装生产线柔性改造包括以下两个方面:一是我们要对贴片机、在线检测设备进行可编程改造,在贴片机及在线检测设备中预存各种待贴装电路板的贴装数据;二是对贴片机及在线检测设备的工装夹具进行改造,使之能够适应不同尺寸电路板和不同工艺的生产要求。由于贴片机和在线检测设备都具备可编程功能,加之贴装生产的自动化程度较高,所以贴装生产线的柔性化改造相对简单。经柔性化改造后的贴装生产线可用可编程的程序控制方式在不同时段用同一贴片机贴装不同的电路板,并用同一在线检测设备来检测不同电路板的贴装质量。

3. 单板测试生产线的柔性化改造

单板测试生产线的柔性化改造包括对自动测试装置的多功能性改造、对测试人员的多技能化培训,以及对工艺流程再造3个方面的改造工作。自动测试装置的多功能性改造可通过组合多种单一产品测试装置为一体的方法,或将功能相近的产品测试装置进行可编程化改造,以达到一台测试装置实现多功能的目的。工艺流程的再造可按功能将产品分类,将功能相似或测试方法相近的产品分在一个大类中,按类别设计工艺流程和测试生产线。最难实现的是对测试人员的多技能要求,使用柔性化生产线既要达到测试人员多技能的要求,又要坚持以普通用工人员为主体的原则,为达到这个要求,企业除了要对上岗人员进行多技能培训之外,最关键的还是要提高自动测试装置的自动化程度,并对工艺流程进行科学编制,以此将一个复杂的劳动过程分解为若干个独立的简单劳动,只有这样才能由普通用工人员来完成多技能的高要求。

4. 整机测试生产线的柔性化改造

整机测试生产线的柔性化改造过程和原则与单板测试生产线的改造过程非常相似，这里不再重述。

第四节　降低中试环节的变动成本

一、中试环节人力、物力资源的高效使用

中试环节变动成本的主体是中试产品的报废率、中试部门工程师的人工费用和所用仪器仪表等资源的占用费。降低中试环节变动成本的主要途径是使多种中试产品共用工程师团队、测试平台和环境资源，同时加强中试生产的管理，将中试成本按产品类别量化管理，将原本带有混合成本性质的中试成本用变动成本的方式管理，不断提高按产品类别进行中试成本管理、考核的力度，从而达到降低中试生产成本的目的。

二、中试产品报废率的控制

中试环节的职能是通过多次小批量的试生产保证产品的可生产性和可靠性，因此，这些小批量试生产的产品极有可能是存在质量问题的。严格来说，这些小批量生产的中试产品都应按次品进行财务处理，应计入新产品试制损耗成本，并且企业可将其损耗折合成产品的变动成本。企业要非常谨慎地对待每一批次的中试产品，不仅要严格在厂内测试，而且还要到用户现场进行严格测试，认真查明任何一处细小故障的原因。如果批量试生产没有发现中试产品中存在的问题，那么这些问题就会被带到下一批中试产品中，而中试产品的试生产数量是一次大于一次的，这就会不断增加损耗成本，甚至会导致大规模已售产品的召回，损失较大。

中试环节的产品报废率较高是难以避免的，这也是由产品生命周期中的特定过程所决定的，企业应制订一套科学的中试环节报废产品的管理办法并严格执行。

第五节　降低工程安装环节的变动成本

一、工程安装成本、调试成本的降低

工程安装成本、调试成本是通信产品中最难控制的生产成本，在整个生产过程中的变动成本数额仅次于采购成本。工程安装成本、调试成本的主体是安装、调试工程师的人工成本和差旅费。由于工程安装的地点远近不一，所以不同工程现场的路途交通费差别很大。需要注意的是，工程安装地点的外部环境条件时常达不到安装要求，安装工程师要在工程现场等待施工方完备安装条件，等待期间的差旅费会超过工程预算，这也降低了安装工程师的工作效率，提高了工程安装环节中的人工成本。由于安装工程师的人工费用较高，工程周期的延长将导致工程安装成本的上升，并造成工程成本的不可控。

降低工程安装成本、调试成本的主要措施：一是提高产品的可安装性，即降低产品安装的复杂度，在保证工程安装质量的前提下，降低对工程安装人员的技术素质要求，用经过短期培训的普通用工人员来替代安装工程师，而安装工程师只负责工程督导和最后工程的调测及开通；二是加强对工程安装、调试的变动成本考核、控制和管理，严格执行工程预算，同时，采用正向激励的方式，积极鼓励降低工程安装成本、调试成本。

二、工程耗材的控制管理

在安装移动基站产品时，耗材的用量是较大的，由于每个基站产品的安装地点不同，所以每一个基站产品的耗材用量也不同。如果企业不严格、科学地管理，那么工程耗材成本是难以控制的。

降低工程耗材可行的方法是先计算出上一年度工程总耗材，并将其除以上一年度安装基站产品的总数量，从而得到上一年度单一通信网络产品的耗材成本的统计平均值，而本年度的工程耗材应在上一年度的基础之上降低几个百分点，并将节省的成本与安装人员的奖励挂钩，以达到逐年减少耗材成本的目的。

本章小结

由于在产品的变动成本总额中元器件材料变动成本与测试环节变动成本所占的比重最大,所以企业要想优化经济决策的结果,首先要优化元器件材料的变动成本与测试环节的变动成本,而产品研发、设计环节决定了元器件材料变动成本及测试环节变动成本的基线。本章阐述了通过优化产品的研发、设计方案,具体采用降低元器件材料变动成本及测试环节变动成本的方法。

 思考题

1. 为什么进行元器件的归一化能够降低元器件采购成本?
2. 为什么提高模块、部件的共用度及技术模块的重复使用能够降低元器件采购成本?
3. 什么是摩尔定律?如何利用摩尔定律来降低元器件采购成本?
4. 为什么利用摩尔定律来降低元器件成本的时间跨度不能太短?
5. 柔性生产为什么能够降低生产作业环节的变动成本?

第九章
通过优化设计方案降低产品固定成本

产品的设计开发阶段不仅不产生产品的变动成本,而且还能够大幅降低生产、销售、服务流程中各环节的产品变动成本。这看起来是一件一本万利的事情,但在产品的设计开发阶段要消耗大量的研发费用,这些研发费用就是产品固定成本的主体,产品固定成本虽不会消耗产品的毛益贡献,但是会降低产品的投资回报,因此,企业在设法降低产品变动成本的同时,还要设法降低产品的固定成本,优化设计方案不仅是降低产品变动成本的一种有效手段,同时也是降低产品固定成本的一种有效手段。

第一节　固定成本的优化

虽然在作业变动成本法的定义中固定成本不是产品的成本，但是固定成本也是资源的消耗，最终在计算产品经济回报时，固定成本的大小也会直接影响产品的经济回报，因此，企业在进行经济决策时，也要想办法降低固定成本。

固定成本分为与本产品直接相关的固定成本（产品固定成本）和公共固定成本（非产品固定成本）：产品固定成本是指该成本的发生与本产品有直接的关系，是在本产品的设计、实施中直接产生的固定成本；非产品固定成本是指该固定成本的发生与本产品没有任何直接的关系，是本企业在公共服务环节所产生的固定成本。这些公共固定成本最终也必须被摊销在各个产品线中，被纳入各个产品线的核算、经济决策中。

产品固定成本是为实现本产品所消耗的固定成本，而产品固定成本中占比最大的就是产品的研发成本，因此，降低产品固定成本是本产品设计开发团队的工作。

第二节　通过技术重复使用来降低产品固定成本

一、技术重复使用与降低产品固定成本的关系

1. 技术创新不是目的而是手段

高新技术企业以技术创新作为企业发展的原动力，这是其与传统企业最

根本的差别。企业需要技术创新是毋庸置疑的,但技术创新是企业的目的吗?其实,技术创新只是企业为获取独特性产品的一种手段,其最终目的是追求高新技术产品的高额价值回报。企业如果将技术创新作为目的,就会在高新技术产品生产中一味去追求技术的标新立异,一切以不同于过去、超越过去为目标,不断地在技术上自我刷新、填补技术空白,却不管技术创新的代价、可用性及最终客户的感受,这不是正确的技术创新价值观。这样的技术创新产物是没有市场的,是没有商业回报价值的,只是"烧钱"而已。目前,仍然有许多企业以技术创新为目的,单纯地追求专利的申请数量,单纯地追求技术的学术水平,以此获得各级政府科研项目资金的支持。但这种技术创新模式的最终结果往往是以创造出一批高新技术的"样品""展品"而告终,其产物并不能得到市场的认可。

2. 技术重用的必要性

技术创新一定是以获得市场回报为根本目的的,企业应以满足市场需求、引导市场需求为目标进行技术创新。企业在开发高新技术产品时,在所采用的单元技术上要有继承性,即在现有技术能达到设计要求时,应重复使用现有技术,只有当企业已有的单元技术达不到设计要求时,才进行新的技术突破创新。

任何新设计的产品在商用定型前要做大量的测试验证,因为全新设计的产品在实现技术创新的同时,也会带来大量的隐性技术故障,这些技术故障来自设计疏忽导致的技术缺陷。例如,在移动通信领域,一个全新设计的下一代移动通信基站产品,在完成产品开发后进行外场测试时发现并排除掉上千个大小技术故障是经常发生的事情。一个全新的高新技术产品只有通过漫长的场内、场外测试,才能排除掉大量的由新设计带来的隐性技术故障。因此,经过大规模商用被验证合格的新产品是来之不易的。采用集成产品开发模式的高新技术企业内部要求将经大规模商用验证过的产品分解成若干合格的模块、组件和平台,以此构成公共基础模块技术库,待以后再开发同类产品时,优先在这些经验证合格的模块、组件和平台技术库中选择合适的、成熟的技术单元。企业要提升在一个新产品中采用经验证合格的模块、组件和平台的重复使用度。这样,对于重复使用度高的新产品,其隐性的技术故障就会低得多,产品的稳定性和竞争性就会相应提高,产品开发成本和研发周期也会相应地降低和缩短。企业在新产品的开发中要尽力避免随意的技术创新。只有当原有的公共基础模块技术库中合格的模块、组件和平台不能满足设计要求时，才能开发全新的模块、组件和平台。

除技术模块、组件是可重复使用的技术之外，产品平台也是可重复使用的技术。所谓产品平台就是可被多种产品公用的部分。企业在新产品的设计、开发阶段，进行模块化设计，要尽可能在新产品的设计中使用一些原有的技术模块、组件和产品平台，只有在原有的技术模块、组件和产品平台不符合新产品要求时，才设计新的技术模块、组件和产品平台，这些新增加的技术模块、组件和产品平台，又将进一步充实原有的技术模块、组件和产品平台技术库。

当一个新产品的设计开发解决方案中有大量的技术重复使用模块、组件和平台时，需要重新开发的模块、组件和平台数量会大幅减少，会大幅压缩新产品的开发时长，也就会大幅降低新产品研发阶段所消耗的产品固定成本，大幅提高新产品的可靠性，因此技术重复使用方法是优化产品固定成本的有效手段。换言之，通过修改设计开发方案提高技术重复使用度，可大幅降低产品固定成本。

二、公共基础模块库的构建

1. 公共基础模块

公共基础模块（Common Building Block，CBB）是可以实现某种技术功能的模块和组件。无论多么复杂的高新技术产品，无论高新技术产品是纯软件产品，还是纯硬件产品，或是软硬件合一的产品，都是由许多软硬件技术模块构成的。每种软硬件技术模块都可用其能够完成的独立功能来划分和界定，可被重复应用的技术模块就是 CBB。CBB 是构建产品平台的重要组成部分，就像积木玩具中的每一块积木一样，是积木造型中的重要组成部分，而各种积木造型是积木块不同组合的产物。CBB 可分为公用 CBB 组件和专用 CBB 组件。

2. 公用 CBB 组件

公用 CBB 组件是同一企业内各种不同类型的产品平台都可能用到的技术模

块和组件，例如通信网络产品中的电源模块、各种类型的接口模块、机框等。无论什么样的通信网络产品，都需要稳定的低压直流电源才能正常工作，电源模块能将48 V直流电源转换为5 V、3 V等稳定的低压直流电源，而这正是各产品、各电路板正常工作所必需的电源，因此电源模块是一种可公用的CBB。在通信系统产品中，各种类型的接口电路可能会被用到，接口电路模块在通信系统产品中也是一种公用的CBB。类似这样在同一高新技术企业内不同产品平台都会用到的公用CBB组件有很多。

可以想象，在同一企业内，对各个产品平台都要用到的公用CBB组件，企业不做统一的规定而是任凭各个产品线自我开发，这将会造成很大的资金浪费。要知道，各自为政的产品线对同一CBB组件的设计方案一定是有好的也有差的，结果就是好的方案可能得不到全面推广，差的方案仍在某些产品中继续使用，出厂产品的性能得不到应有的提升。除此之外，还可能会出现在同一产品线上已被开发过的公用CBB组件被一遍又一遍重复开发。这样不仅耗费了大量的产品开发资金，新产品的开发周期也会被延长，产品质量无法持续提升，同时存在极大的质量事故风险。

因此，企业一定要对公用CBB组件的规划、开发进行统一规定，统一组织资源对公用CBB组件制订功能、接口和指标，统一开发公用CBB组件，将通过市场大规模应用检验后的公用CBB组件整理出完整的技术文档，并将其纳入企业的CBB技术库统一管理，以有利于今后的重复使用。

由于公用CBB组件可应用于多个不同的产品线，所以在评审公用CBB组件的设计方案时，应由多个不同产品线的技术专家共同参与，以便企业听取更多产品线的意见，保证公用CBB组件的可靠性、稳定性、先进性和低成本性。

原来没有建立公用组件技术库的企业应在原来大规模生产、销售的产品中，统一确定今后能重用的公用CBB组件。在定义公用CBB的功能、接口和指标后，完善其技术文件，补建公用CBB组件技术库，以供企业日后开发新产品时选用。

3. 专用CBB组件

专用CBB组件是指只能在同一个产品线的系列产品中公用的CBB组件。由于它是针对某产品线的技术而定的，被其他产品线采用的概率较低，所以称为专用 CBB 组件。

当一个产品线内有多个功能接近的系列产品时，如果企业不建立专用 CBB 组件技术库，就会出现在功能接近的系列产品的开发中，有一些功能、性能相同的专用技术模块、组件会被重复性开发，产生多种版本，造成大量开发资金浪费。由于各系列产品都是独立开发，所以各系列产品开发小组开发出的模块、组件的性能一定有好有差，这将会导致各系列产品的性能不稳定，质量参差不齐。以上这些情况将会频繁导致企业产品开发周期延长、开发金额突破预算、产品稳定性下降、产品质量得不到保证。

因此，企业除了要建立公用 CBB 组件技术库之外，还应建立专用 CBB 组件技术库，要统一规范专用 CBB 组件的定义，使其功能、指标、接口和性能标准化，以便日后进行新产品设计时能够重复选用。

原来没有按专用 CBB 组件来进行产品开发的企业应从已经大规模生产、使用的产品中，分离出一部分专用的技术模块、组件，并将其指定为专用 CBB 组件，完善其功能、指标、性能和接口的规范，将其纳入新建立的专用 CBB 组件技术库中，供日后开发新的产品线时选用。

4．建立 CBB 组件入库、使用的管理体系

无论是公用 CBB 组件，还是专用 CBB 组件，都应被纳入企业的 CBB 组件技术库进行统一管理。

（1）CBB 组件入库管理办法

企业应统一建立企业内部的公用 CBB 组件及专用 CBB 组件技术库管理体系，以及统一的 CBB 组件入库管理办法。CBB 组件入库管理办法应包括 CBB 组件入库评审规定、CBB 组件入库技术文档的制订规范、CBB 组件技术验证规范及 CBB 组件的使用规范等内容。CBB 组件的入库管理办法一定要十分严格、谨慎，因为某 CBB 组件一旦入库，它将成为企业内的标准件而在后续的产品研发时被直接调用。一旦入库的 CBB 组件存在技术、质量隐患，被后续产品重复采用，这就会造成严重的质量事故。入库的 CBB 组件一定是经过大规模生产和使用过的技术，是市场反应良好的技术，是经过严格评审后的技术。

（2）CBB 组件技术库的使用方法

企业一旦建立了 CBB 组件技术库后，就要修改企业原来的研发管理办法，应规定在进行新产品详细设计时，首先以 CBB 组件为基础单元进行组合设计。组合设计的优点是研发人员可选择已有的 CBB 组件，新设计的模块、组件能申请成为新的 CBB 组件，从而不断完善、充实 CBB 组件技术库。

研发人员在开发产品时应首先在已有的 CBB 组件技术库中寻找能符合设计要求的 CBB 组件，如果在设计方案中不采用已有的 CBB 组件，则必须要有理由充足的陈述报告。该报告经企业指定的评审机构评审通过后，研发人员才被允许设计一个新的 CBB 组件，否则就是违反了 CBB 组件使用管理办法，企业就要对当事人进行相应的处罚。为避免发生违反管理办法的情况，企业要在产品线内建立严格的产品开发管理评审流程，用"法制"来替代"人治"。

（3）建立 CBB 组件技术库的信息安全体系

CBB 组件技术库可以说是一个企业的技术结晶，是企业的宝贵技术财富，因此，CBB 组件技术库的技术泄密将会导致企业的重大损失。为防止泄密，CBB 组件技术库的管理办法应包括入库访问查询的分层管理、访问资格的审查、访问权限的认定、非法入侵的防范、访问者的记录、出库的记录等在内的一整套信息安全体系。

三、产品平台的构建

1. 产品平台的概念

在传统的产品开发模式中，产品开发的对象就是产品本身。企业需要花费大量的资金全力投入某个新产品的开发中，经过很长的开发周期后才能开发出新产品，而所有投入的开发资金都要靠这个新产品的销售回报来收回。如果市场发生了变化使该新产品的销售受阻，或客户需求发生改变，那么企业可能又要被迫重新立项再开发另一个新产品。因此，这种针对某具体产品进行的开发风险较高，效率较低，成果利用率也较低。

为解决传统产品开发模式中的因开发单一产品而产生的开发风险、效率和利用率低的问题，企业在集成产品开发模式中除了采用 CBB 组件技术库外，还可引入平台开发的概念。平台开发有两层含义：一是考虑将该新产品的开发过程分解成几级中间件的平台，使该新产品的开发成果能被其他系列的产品开发利用；二是考虑如何利用原来已有的中间件平台来开发现在的新产品。下面将介绍几种不同层级的产品平台。

2. **不同层级的产品平台**

（1）板级平台

此处以较为复杂的通信产品为例来说明板级平台的概念。

在几乎所有的通信系统产品中，都会有该产品内部的控制系统。这个控制系统一般称为主控板，这块主控板承担了各种功能。每种通信系统产品中都有主控板，不同的只是在不同种类的产品中主控板所要执行的控制程序不同，而主控板的硬件结构组成、功能和性能是相似的，因而企业可以将主控板设计为一个可被不同产品公用的一个中间件平台。企业在开发新产品时，不用重新设计一个全新的主控板，而只用设计一个符合本产品要求的主控应用程序即可。这样不仅可以节省大量的开发资源，而且能够大幅提高产品的开发效率。

板级平台包括板级的通用硬件平台及软件平台，其设计难度是大于设计单一产品的硬件平台和软件平台的，因为板级平台除了要满足本产品的需求之外，还要考虑其应有的通用性，板级平台必须要有较宽泛的适用范围。但是板级中间件平台一旦开发完成，将是一劳永逸的。

（2）子系统级平台

子系统级平台比板级平台更高一级，不仅包括了若干种板级平台，还包括了这些板级平台之间的连接。例如，几乎所有种类的通信系统产品都有的网管控制系统，包括网管系统、主控板、背板总线及各单板的控制、驱动接口模块等和它们之间的连接。企业如果能够将网管控制系统开发成为通用的子系统级平台，则能极大地降低新产品开发的工作量。这样一来，在子系统级平台的基础上开发一个新通信系统产品时，企业不用再重新开发网管控制的全系统，而只用开发符合本产品要求的网管控制应用软件即可。

（3）产品级平台

产品级平台本身就是某一产品线的平台，该平台根据客户的各种不同的应用需求可形成系列化的多种产品。开发这些系列化的产品共用一个产品级平台，可通过增减一部分应用层面的功能、性能来构成一个新产品。用产品级平台开发新产品的工作量是很小的，但这对产品级平台的要求也相对较高。

（4）系统级平台

系统级平台是更高层面的平台，不仅能满足同一产品线上不同型号产品二次开发的要求，而且能满足不同的产品线之间的平台共用。例如，对于现在的一些移动通信基站产品，有企业已经开始用同一系统级硬件平台通过软件无线电的方式来实现多种不同技术制式（不同产品线）的产品开发。在终端产品中，移动通信手机产品系统硬件平台可通过软件无线电使一部手机能成为多模（多技术制式）产品。换言之，企业可以用同一系统级终端平台来开发多种不同技术制式的手机产品。

3. 产品树与产品平台、CBB 组件的关系

在传统的产品开发模式下，同一高新技术企业中各种不同产品的开发是完全独立的。各产品从单元电路、模块、组件到子系统总体方案、全系统总体方案的全流程开发都是独立进行的，完全不考虑构建开发过程中每一个层面的公用问题，几乎没有平台的概念。这种传统产品开发模式的资源统筹性很差，技术模块的公用性、继承性很低，出现了产品开发周期长、投资多、出问题概率大等问题。

在集成产品开发模式采用技术重复使用的设计理念后，情况发生了很大的改变。集成产品开发模式技术重复使用的核心思想是：从组件、模块的部件设计开始考虑中间件标准化的问题，将单元的技术组件、模块设计成便于今后重新使用的 CBB 组件。这里 CBB 组件是最基础的技术重复使用，由众多的 CBB 组件构成的板级平台是高一层面的技术重复使用，然后以 CBB 组件及板级平台的组合形成子系统级平台。子系统级平台的设计一是要考虑更多、更大比例地使用已有的 CBB 组件及板级平台，减少子系统级平台的开发时间和开发投入，保证子系统级平台的质量；二是要考虑子系统级平台能被更多的产品平台共用。也就是说，将 CBB 组件的技术重用理念从技术模块扩大到子系统级平台上，使子系统级平台成为更高层面的技术重复使用。如果企业再在相应的子系统级平台上配备一些必要的专用 CBB 组件及公用 CBB 组件，则它们可构成若干个产品级平台。产品级平台的设计一是要考虑使用合适的子系统级平台和 CBB 组件，使产品级平台能更大比例地使用已有的技术；二是要考虑产品级平台能被更多的系列产品使用，使产品级平台能成为更高一个

层面的技术重复使用。企业在产品级平台上若依据客户的各种不同的特殊需求进行量身定制，则最终可形成系列化的产品。

系统级平台是最高层面的平台，一个系统级平台可以兼容多个产品级平台，原来要靠不同产品级平台才能延伸出来的各种产品线，现在可以在同一系统级平台上实现。

CBB 组件、板级平台、子系统级平台、产品级平台、系统级平台、系列产品可构成一个完整的产品树。产品树与 CBB 组件及产品级平台间的关系如图 9-1 所示。产品树是由一层一层的重复使用技术构成的，图 9-1 既是产品树的构成图，也是集成产品开发模式技术重复使用的解释图。它充分诠释了集成产品开发模式的产品设计理念，即采用层层平台化的设计方法，在开发新产品时，不去追求每个 CBB 组件及平台的全面技术创新，而是追求最大限度地利用已有的技术组件和平台，按最终客户的需求快速实现产品的整体技术创新。集成产品开发模式的设计理念充分解释了技术创新不是目的而只是手段的道理。

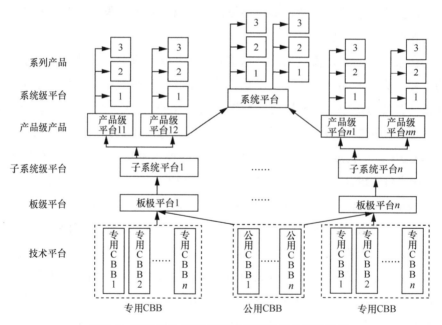

图 9-1　产品树与 CBB 组件及产品级平台间的关系

其实从集成产品开发模式的设计实现方法上来说，任何一个看似需要进行原始创新的产品实质上可以优先采用集成创新的方式，或者说任何一个新产品的开发都离不开集成创新的理念。这里所说的集成创新是指已有技术组件、平台的集成使用，否则企业就容易陷入只为技术创新而不考虑实际应用的情况中。

下面举一个案例来说明产品树在无线移动通信基站系列产品中的应用。

无论是 2G 还是 3G、4G 技术制式的无线移动通信基站产品，它们的基础结构都是相似的，都需要有基带板、调制解调版、主控板和射频板，都需要硬件与软件的配合，都需要有位置更新、切换、漫游的功能，都需要认证使用者的身份和付费状态等。因此，企业在设计无线移动通信基站产品时，应将软硬件划分成许多功能明确的组件、模块，形成专用、共用 CBB 组件技术库，并由若干 CBB 组件组合成一些常用的平台，例如，各种板级平台、子系统级平台、产品级平台和系统级平台。同一技术制式的产品平台可按使用场合的不同再构成系列产品，例如，宏基站产品、微小区基站产品、分布式基站产品。每一种基站产品平台根据用户的特殊定制需求，可衍生出全向覆盖基站、多扇区覆盖基站、多载波多扇区覆盖基站等基站类型。无论客户提什么样的覆盖需求，企业都只用在产品平台上做系列化产品的延伸，就能快速实现客户所需的各种产品，而不用将产品的原设计方案推倒重来。这就要求企业在进行技术重复使用产品树的设计时，要使产品平台具有延伸功能。

比产品级平台重用度更高的是系统级平台。无线移动通信基站的建设常采用软件无线电技术，企业可将各种不同无线技术制式基站的基带硬件设计成通用的硬件系统平台。这个系统平台既可用于 3 种 3G 技术制式产品线，例如，时分同步码分多址（Time Division Synchronous Code Division Multiple Access，TD-SCDMA），也可用于实现 4G 技术制式长期演进技术演进版（Long Term Evolution Advanced，LTE-A）。这就是系统级平台的作用。如果在通用的基站基带硬件系统平台上加载 TD-SCDMA 系统软件，这个系统平台就成了 TD-SCDMA 基站产品线。这种技术高度重复使用的产品在第一次设计时的要求很高，但随着技术重复使用的模块、平台的逐步积累，产品树的结构逐步形成，产品开发难度就降低了。任何高新技术企业都应采用技术重复使用产品树的设计理念开发产品，技术重复使用的产品开发模式越早启动，企业就越占据主动优势。

四、技术重用度

技术重用度是指在一个完整的新产品开发、设计中,选用已有 CBB 组件、板级平台、子系统级平台、产品级平台、系统级平台的比重。如果已有技术的比重大,那么该新产品的技术重用度就高;而如果已有技术的比重低,则该新产品的技术重用度就低。在同样达到产品设计要求的前提下,技术重用度指标越高的产品开发时间越短、开发投资越节省,产品稳定性就越高。因此,在集成产品开发中,企业要追求技术重用度高的产品开发模式。

产品技术重用度的示意如图 9-2 所示。其中,图 9-2(a)是技术重用度较低的产品,该产品的设计中只有 30%的比例是选用原来已有的技术,另有 70%的部分是为满足客户个性化需求而设计的。图 9-2(b)是技术重用度较高的产品,该产品的设计中有 75%的部分是原来已有的技术,只有 25%的部分是为客户量身定制的。追求技术重用度的提高不是忽略客户的需求,反而是要企业在产品开发之前就收集大量的客户需求、了解技术的发展趋势、掌握产品及产业的发展趋势,这样才能使技术重用平台具有前瞻性、柔性和可延伸性,使技术重用平台可满足客户的大量需求,才能将为满足客户个性化需求的设计比例降到较低的水平。

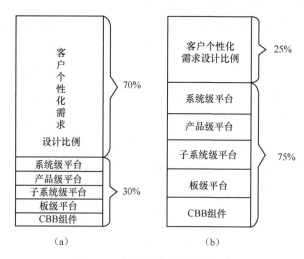

图 9-2 产品技术重用度的示意

追求高技术重用度是集成产品开发模式的发展趋势，需要引起企业管理者的高度重视。企业管理者应在企业内进行技术重用的全面规划，建立技术重用的管理体系，制订技术重用度的考核指标。

第三节　非产品固定成本的控制与管理

非产品固定成本的控制难度比变动成本大，因为非产品固定成本总额与产品没有直接的关系，所以企业对它的控制没有合适的抓手，但企业也不能让非产品固定成本"自由生长"。企业如果放任非产品固定成本随意增长，就会导致产品变动成本的降本成效付诸东流。一般企业对非产品固定成本的控制方法很单一，就是紧缩开支，也就是常说的"节流"，通过紧缩开支来达到控制非产品固定成本的目的。

一、加强预算管理、适度节流

对于真正与产品没有关联的固定成本，企业只能按照期间费用对待，在当期进入经营损益核算。固定成本的降本策略容易影响员工的"幸福指数"。一般情况下，企业不宜对固定成本做较大幅度的压缩，除非企业的销售收入发生较大幅度的下降，才考虑按比例降低固定成本的支出。

企业对固定成本（期间费用）比较好的管理方式是，加强全面预算管理，按照预算来控制固定成本的支出，在此基础上，逐年提出适度的"节流"措施，逐年提高企业的经营效率。

二、"开源"是提高经营效益的根本

变动成本的降低与固定成本总额的降低是相互独立的，如果企业降低单位产品变动成本的同时又降低固定成本总额，并且通过促销增加产品的销量，那么此时单位产品的利润和企业利润总额的提升是最大的。

因此，企业应根据变动成本损益方程，综合性地应用各种降本措施，首先

是"开源",然后是变动成本的"节流",最后是适度的固定成本"节流",从而达到企业"增效"的目的。

本章小结

本章着重探讨了固定成本的优化与管理。本章将固定成本分为与产品有紧密关联的固定成本和与产品无关联的固定成本,与产品有紧密关联的固定成本有新产品开发成本(包括产品策划成本、技术研究成本和产品开发成本)和产品损耗成本(包括产品质量事故成本和产品损耗成本)。在开发新产品的过程中,控制产品开发成本不是企业的最根本目的,其最根本的目的是按市场需求尽快设计出并批量提供有竞争能力的新产品。

在开发新产品的过程中,研发成本基本上都是产品的固定成本,而且是数额较大的产品固定成本。本章的重点是如何用技术重复使用的方法将技术和产品模块化、平台化,从而达到有效降低产品研发过程中产生的产品固定成本。

 思考题

1. 什么是技术重复使用?什么是技术重用度?
2. 技术重复使用的好处是什么?
3. 技术重复使用度高的新产品会牺牲用户的个性化需求满足度吗?
4. 共用CBB组件、专用CBB组件的差别是什么?
5. 什么是板级平台?什么是产品级平台?为什么板级平台、产品级平台可大幅缩短新产品的开发时间、降低新产品的研发成本?

第十章
产品变动成本的控制与管理

产品的变动成本分散在生产作业流程、销售及服务作业流程的各个环节之中，产品变动成本的分散不仅为产品变动成本的归集带来困难，而且为产品变动成本的管理及优化带来了挑战。为应对挑战，企业必须要采用信息化手段，建立起产品变动成本管理数据库，建立管理体系和激励体系，系统化、规范化、常态化地管理产品变动成本。

产品变动成本的控制与管理是企业成本管理的核心，加强产品变动成本的控制与管理，不应只停留在口号上，应确立一整套切实可行的管理模式、度量方法及激励机制，使产品变动成本的管理能落到实处。本章将深入探讨产品变动成本的管理模式、度量方法及激励机制，以达到强化产品变动成本管理的目的。

第一节　产品变动成本控制体系

成本控制是指运用以成本会计为主的各种方法，预先确定成本限额，按限额支出成本和费用，将实际成本与成本限额进行比较，以衡量经营活动的成绩和效果，并动态纠正不利差异，以提高工作效率，实现成本控制的效果。

一个企业的成本控制体系应包括作业组织系统、信息系统、考核制度和奖励制度等。

一、作业组织系统

组织是指人们为了一个共同目标而从事活动的形式。企业通常将企业目标划分为若干个子目标，并分别指定若干个下级单位负责完成这些子目标。每个子目标可再被划分为若干个更小的目标，由下级单位指定更下一级的部门、班组去完成。一个企业的组织结构可以用管理层级和平均控制跨度来描述。管理层级是最高级单位和最低级单位之间的层级数，控制跨度是指一个单位所属下级的数目。一个企业的组织结构还可以用各个管理层级之间权力集中和分散的程度来描述。在一个高度集中的组织结构中，权力集中于较高级别的管理层级，低管理层级的单位只拥有很少的决策权。在一个企业里，权力很可能在一个职能领域中高度集中，而在其他职能领域又高度分散。一般来说，生产、财务和人事管理都属于管理权力高度集中的领域。在传统成本控制方式中的组织形态，基本上沿用了企业原来的职能组织形态，先将下级单位产生的成本归集到上一级的单位，然后再把归集起来的成本分配到产品中，这样的组织形态会形成大量的成本中心，不利于成本的控制与管理。

本章所述的成本控制体系是基于作业变动成本法提出的，是以产品的生产作业过程为控制依据的。成本控制体系应与企业所采用的成本核算方式相适应，应与企业变动成本发生动因所在的单位相适应。因此，企业要改变传统的把成本归集形成成本中心的组织系统模式，将作业变动成本的作业环节作为组织系统的构成要素，依据生产作业流程来形成成本控制的组织系统。

以作业为依据形成的成本控制组织系统可带来如下好处。

一是企业以发生变动成本的作业环节为最基层的组织，可以直接记录、统计所发生的变动成本；可直接提出降低变动成本的措施；可直接提出成本控制报告；可直接对变动成本的各个源头进行控制和管理；可对原本是成本中心的小部门实现虚拟的利润中心管理；可对基层组织实行产品变动成本的单独考核、单独奖惩。

二是企业可以将产品生产流程体系构成一个完整的变动成本控制组织系统，方便核算产品总变动成本。

三是成本控制组织系统可与企业的全局性变动成本管理委员会构成一体化的变动成本业务管理中心，以提高工作效率及管理力度。

二、信息系统

成本控制系统的另一个组成部分是信息系统，也就是责任会计系统。责任会计系统具有负责计量、传送和报告成本控制的信息等功能。

责任会计系统主要包括编制责任预算、核算预算的执行情况、分析评价和报告业绩3个部分。

通常企业都要分别编制销售、生产、成本和财务等预算。这种预算主要是按生产经营的领域来落实企业的总体计划。为了便于控制和管理，企业必须分别考核各个执行单位的业绩，按责任中心来重编预算，以责任中心为基础单位落实企业的总体计划。这项工作被称为编制责任预算，其目的是使各责任中心的管理人员明确其应负的责任和应控制的事项。

在建立了以作业环节、作业流程为基础的成本控制组织系统后，责任会计的工作就清晰了，可以将作业组织系统中的每一个小部门、小班组作为变动成本责任中心，并以此进行控制和管理。在开始执行实际业务之前，责任会计要将责任预算和其他控制标准下达给责任中心的有关人员，他们以此来控制自己的活动。实际发生的成本及取得的收入、利润和占用的资金等要按责任中心来汇集和分类。为此，责任会计在设计各明细管理报表时，应考虑到责任中心分类的需要，并与预算的口径一致。在进行预算时，为减少责任的转嫁，共同费用应按责任归属来选择合理的分配方法。各责任中心之间如果相互提供产品或劳务，则要拟订适当的内部转移价格，以利于单独考核各自的业绩、报告预算的执行情况。在预算期末，各责任中心要编制业绩报告，比较预算和实际的差异，分析差异产生的原因和责任归属。此外，企业要实行例外报告制度，对预算中没有规定的事项和超过预算限额的事项，要及时向适当的管理级别报告，以便及时做出决策。

在采用了作业变动成本法后，各责任中心就被赋予了一个重要的新职责，这个职责就是按产品型号独立管理每个产品在该责任中心内所产生的产品变动成本。以责任中心为单位进行产品变动成本的动因分析、成本追溯、变动成本归集、变动成本标准的制定、变动成本的控制、变动成本的降低及变动成本的管理，这是作业变动成本法能有效实施的关键。企业应按作业变动成本法的特征，建立作业组织系统、责任中心和相应的信息系统。

企业应将这些工作纳入企业的企业资源计划（Enterprise Resource Planning，ERP）系统进行信息化管理，一是提高效率，二是使其工作常态化。

三、考核制度

有了作业环节的责任中心、每个责任中心以往年度的变动成本数据，以及各作业环节成本的控制目标，企业再建立考核制度就不是一句空话了。

企业要想制订一个切实可行的考核制度，其关键是要抓住产品变动成本在各个作业环节的成本动因,并要建立可量化、可度量的变动成本明细管理报表,只要抓住以上关键因素,考核制度的建立就是有依据的,就是实事求是的,就是可以操作的。

有了考核制度以后,企业一定要坚定不移地去执行,在执行中完善和修改,坚持下去,考核制度就一定能发挥出应有的作用。

四、奖励制度

奖励制度是维持成本控制系统长期有效运行的重要因素。

员工努力工作的程度受业绩评价和奖励办法的影响。各级被考核的管理人员往往把注意力集中到与业绩评价、奖励有关的工作中,尤其会把注意力放在能够影响奖励的部分业绩中。因此,奖励可以激励员工努力工作,评价与奖励就是一种导向标。

奖励有货币奖励(加薪、奖金)和非货币奖励(升职、表扬)两种形式。另外,惩罚也会影响员工努力工作的程度,它是一种负向奖励。

企业应明确规定奖励办法,使被考核的员工明确业绩与奖励之间的关系,知道什么样的业绩将会得到什么样的奖励。恰当的奖励制度将引导员工约束自己的行为,尽可能创造好的业绩。奖励制度是调动员工努力工作,实现企业总目标的有力手段。

第二节 标准成本的制订

标准成本是为了克服实际成本计算系统的缺点而提出的,尤其是企业在不能提供出有助于成本控制的确切信息时,引入标准成本是十分有必要的。

实施标准成本一般有以下6个步骤:① 制订单位产品各作业环节的标准变动成本;② 根据实际产品产量和变动成本动因,计算产品各作业环节的实际变动成本;③ 汇总计算实际变动成本;④ 计算标准变动成本与实际变动成本的差异;⑤ 分析变动成本差异的原因;⑥ 向变动成本管理委员会提供变动成本控制管理报告，并向变动成本责任中心转达管理报告。

一、标准成本的概念

标准成本是经过精确的调查、分析与技术测定而制订的，用来评价实际成本、衡量降本工作成效的一种预计成本。在标准成本中，基本上排除了不应该发生的"浪费"，因此它被认为是一种"应该成本"。标准成本和估计成本同属于预计成本，但后者不具有衡量降本工作成效的作用，它主要体现一种可能性，供企业在确定产品销售价格时参考使用。标准成本要体现企业的目标和要求，主要用于衡量产品制造过程的降本工作成效和控制成本的效果，也可用于对销售环节和售前、售后服务环节的成本管理。

标准成本在实际工作中有两种含义。

一是指单位产品的标准成本，它是根据单位产品的消耗量标准和单价标准计算出来的，准确地说，标准成本应被称为"成本标准"更贴切，因此，本书以"成本标准"替代"标准成本"。

$$成本标准=单位产品成本标准=单位产品消耗量标准×单价标准$$

二是指实际产量的成本标准，是根据实际产品产量和单位产品成本标准计算出来的。

$$成本标准=实际产品产量×单位产品成本标准$$

二、成本标准的种类

1. 理想成本标准和正常成本标准

成本标准按其所根据的生产技术和经营管理水平，分为理想成本标准和正常成本标准。

理想成本标准是指在最佳的生产条件下，利用现有的规模和设备能够达到的最低成本。企业制订理想成本标准的依据是理论上的业绩标准、生产要素的理想价格和可能实现的最高生产经营能力利用水平。理论业绩标准是指在生产过程毫无浪费时的生产要素消耗量，最熟练的工人全力以赴工作，不存在废品损失和停工时间等条件下可能实现的最优业绩。最高生产经营能力利用水平是指理论上可能达到的设备利用程度，只忽略不可避免的机器修理、改换产品品种和调整设备时间，而不考虑产品销路不佳、生产技术故障等造成的影响。理想价格是指原材料、劳动力等生产要素在计划期间内是最低的价格水平。因此，这种标准是一种理想状态，在实际中是很难实现的，即使这种理想状态暂时出现也不可能持久。理想成本标准的主要用途是提供一个完美的目标，揭示实际成本下降的潜力。但因其提出的要求太高，所以不能以此作为考核依据。

正常成本标准是指在效率较高的条件下，根据下期一般应发生的生产要素消耗量、预计价格和预计生产经营能力的利用程度而制订的成本标准。企业在制订正常成本标准时，要把生产经营活动中难以避免的损耗和低效率等情况也计算在内，使之切合下期的实际情况，成为切实可行的控制标准。要达到这种标准有难度，但是可以达到。从具体数量来看，正常成本标准应大于理想成本标准，但又小于历史平均水平。在实施过程中，正常成本标准是要经过努力才能达到的一种标准，因而企业可以通过激励员工调动他们的积极性来实现。

在成本标准系统中，正常成本标准被广泛采用。它具有以下特点：它是利用科学方法根据客观实验和实践，经过充分研究后制订的，具有客观性和科学性；排除了各种偶然性和意外情况，但又考虑到目前条件下难以避免的损失，可以代表正常情况下的消耗水平，具有现实性；是应该发生的成本，可以作为评价业绩的标准，成为督促员工去努力的目标，具有激励性；可以在工艺技术水平和管理有效性水平变化不大时持续采用，不需要经常修订，具有稳定性。

2. 现行成本标准和基本成本标准

成本标准按其适用期分为现行成本标准和基本成本标准。

现行成本标准是指根据适用期间应该发生的价格、效率和生产经营能力利用程度等预计的成本标准。在这些决定因素变化时，现行成本标准需要按照变化后的情况加以修订。这种成本标准可以成为评价实际成本的依据。

基本成本标准是指一经制订，只要生产基本条件无重大变化，就不予变动的一种成本标准。而生产基本条件的重大变化是指产品的物理结构变化，重要原材料和劳动力价格的重要变化，生产技术和工艺的根本变化等。只有这些基本条件发生变化，才需要修订基本成本标准。市场供求变化导致的售价变化和生产经营能力利用程度的变化，以及工作方法改变引起的效率变化等都不属于生产基本条件变化，对此不需要修订基本成本标准。基本成本标准与各期实际成本对比可反映成本变动的趋势。由于基本成本标准不按各期实际成本修订，所以它不宜用来直接评价工作效率和成本控制的有效性。

三、变动成本标准的制订

成本标准的定义原本是不限定成本种类及成本性态的，但本书将成本标准仅用于对产品变动成本的管理。如果不进行特殊说明，本章所述的成本标准、理想成本标准、正常成本标准、现行成本标准等均指对变动成本的管理。

变动成本标准是制订产品生产各作业环节中的有所变动的成本的标准，在许多作业环节中，其成本的性态是混合成本型，此时，企业应根据在产品作业环节中，对资源消耗的成本动因的分析、追溯，尽可能将其追溯、归集为产品变动成本。但有时，虽然作业环节的成本性态可追溯为变动成本，但其变动成本的数值大小并不是一目了然的，因此，本章在阐述作业环节如何降低产品变动成本策略时，我们都提到了要根据历史情况确定该作业环节的"统计平均变动成本"。"统计平均变动成本"也就是正常变动成本标准。需要说明的是，正常变动成本标准不是一成不变的，随着每年企业对产品变动成本实施降本措施，作业环节的产品变动成本也在不断下降，正常变动成本标准的绝对值也应因此不断降低。

理想成本标准是指在不改变生产设备及产品不做重新设计和改进的前提下，仅靠作业环节各班组的努力，所能达到的最高理想标准成本，但如果企业实施了全局性的降低变动成本的策略，那么原来的理想成本标准就一定会被突破，从而形成新的理想成本标准。

第三节　按产品型号建立产品变动成本数据库

一、按产品型号建立数据库目录

产品变动成本管理要做的第一件基础性工作是根据产品的型号建立产

品变动成本数据库。这里所说的产品型号是指可独立销售的、有售价的单位产品。只要是有单价的产品，无论其价值多小、体积多小，都应考虑其相应的变动成本，都应被纳入产品变动成本数据库的管理。这项基础性工作的工作量很大，数据库中产品目录所包括的产品，不仅应包含传统意义上的整机产品、终端产品，而且应包括整机内的各种电路板、各种部件等。建库工作可由粗到细逐步深入，初期可先从整机产品、终端产品入手，从大到小，逐步细化。许多整机产品是由多种部件级、板级产品集成的，而这些部件级、板级产品本身也可以单独作为产品销售。企业应从整机产品到部件产品，按树状根系关系，层层深入分解，最终建立起完整的变动成本数据库目录体系。之所以要从整机产品这个根目录逐层分解为子框产品的二级目录，再分解为电路板级的三级目录，是因为这样可以一目了然地看到一个整机产品的组成结构，可以很方便地用逐步结转分步法从底层一级级、一步步地核算出整机产品的变动成本。

二、确定数据库的成本数据项字段

在已建立的变动成本数据库目录体系的基础上，企业应按产品目录，逐项核对每个产品产生变动成本的环节。其核对方法可采用比对法，首先列出企业生产过程中的全部生产（含工程）作业环节及企业销售、服务过程中的全部环节，然后分别将每一项产品与所有的作业环节进行比对，以确定影响该产品变动成本的各实际发生环节，并将每一实际发生的环节作为产品数据库的基础数据项字段。

三、数据库中产品作业环节变动成本数据录入

在确定了每种产品产生变动成本的各环节后，企业可根据产品在各环节中的工作量、资金、材料等消耗，核算该产品在每一环节的变动成本实际发生额，在此基础上，统计出该产品所经过的各相关环节变动成本的累积总额，就可得出该产品的变动成本具体数额，并分产品型号按作业环节将实际变动成本记录到变动成本数据库中。在数据库中，企业除了要录入产品各环节的

实际变动成本之外,还要录入上一年度该产品各作业环节的历史变动成本,并将其与拟定的本年度的各作业环节变动成本标准进行比对,以随时发现实际变动成本与现行变动成本标准的差别,也有利于推进下一步的考核和奖励工作。

第四节 建立产品变动成本考核体系

按产品型号及产品生产作业环节、销售环节、服务环节建立产品变动成本数据库,这是一项工作量很大的基础性工作,建立数据库是企业进行变动成本考核的基础。

要进行考核,就要有一套考核体系,产品变动成本考核体系的内容如下。

按作业流程、环节建立组织系统及组织结构图进行考核。结构图中的每一个单元都是一个变动成本责任单位,这些变动成本责任单位大多是生产作业环节中的班组,责任单位的划定越细,考核标准越准确。

通过数据库统计出上一年度各产品、各作业环节的变动成本历史数额,并确定每一作业环节中的平均变动成本的计算方法,并保持计算方法的连续性。

建立每个产品在每个作业环节的理想变动成本标杆值,即确定理想变动成本标准并将其作为方向性目标。

建立每个产品在每个作业环节中的现行变动成本标准集。建立标准集的过程也是分解企业年度利润指标的过程。在年度现行变动成本标准集中,各项变动成本数额一定都是低于上一年度各项变动成本数额的,每项变动成本的降低幅度,一是依据该项上一年度成本与该项理想成本标准的差距,二是依据企业当年总利润指标的增加幅度。

以月为间隔,核算每个产品在各生产作业环节中的变动成本实际发生额,并将其与年初拟定的现行成本标准进行比对,发现差距后分析原因,加以纠偏控制。每月或每季度给各产品作业环节责任单位发出与其作业相关的变动成本管理报告，按月或季度向企业成本管理委员会发出各单位产品的变动成本管理报告，并提出管理建议，供企业高层领导随时掌握企业的经营情况，有利于企业管理者及时做出决策。

第五节 基于考核的变动成本奖惩体系

建立了完整的考核体系之后，企业进行奖惩才有依据。变动成本管理体系的最大优点是，产品变动成本的降低数额与毛益贡献成正比，降低变动成本所带来的回报价值是可以被明确度量的。因此，基于产品变动成本的奖惩是相对透明的，被考核者容易接受。但事物都有两面性，正是因为产品变动成本的降低幅度容易被换算成利润增加值，被考核者就会有一个明确的奖励数额预期，所以企业在奖励时就应有一个较为人性化的奖励措施。奖励的主要目的是为了鼓励全员参与，鼓励全员积极降本。只要各生产环节、各责任班组都有了积极性，通过群策群力，他们就能够策划出更好的降低产品变动成本的方案，也就达到了奖励本身的目的。

单位产品变动成本每降低1元，单位产品的毛益贡献额将增加1元，可见变动成本降本的成效是非常显著的。由于每个责任班组都有明确量化的产品变动成本标准，而且每个责任班组的降本成果都是可以被计算出来的，降本成果可直接转换为利润增加值，所以为提高各责任班组全体员工的降本积极性，企业可实行降本利润共享制度。此制度是指将各责任班组因降本而增加的利润，按一个确定的比例拿出来奖励员工；反过来，各责任班组如果没有完成降低成本的指标，则不能得到奖励；如果成本不降反增，则需要扣除一定的收入。与降本业绩挂钩的奖惩体系是持续降本增效的有效保障。

变动成本奖惩体系带来的另一个好处是：由于作业变动成本的降低可直接转换成毛益贡献的数额，所以企业利用变动成本奖惩体系，可将原来都是成本中心的部门、班组，按虚拟化的利润中心的模式来考核，极大地提高了降本管理的有效性。

第六节 实现价值管理

一、分产品型号独立进行财务盈亏核算

企业采用作业变动成本法后,可以按产品型号独立核算出不同产品在生产、销售、服务及管理各个作业环节所发生的变动成本,从而可归集出每种不同型号产品的精确成本,再通过基本损益方程式核算出每种不同型号产品在当期的实际盈亏值,并可以将企业当前所有产品的盈亏情况,按盈利额从大到小及亏损额从小到大进行不同产品盈亏值的排序,这样就可一目了然地看出不同产品的盈利状况,并以此对比出不同产品之间价值创造能力的差别。对于亏损的产品,企业在扭亏无果后,应按产品亏损额的大小顺序,果断对产品进行中止处置,堵住"出血点",避免价值的持续损耗。企业的资金应投向盈利最好的产品,以不断创造新价值。

二、分产品型号独立进行全成本核算

在分产品型号独立进行当期财务盈亏核算的基础上,企业应按全成本核算法,分产品型号独立进行每个产品的全成本核算,不仅要保证各个产品型号在当期的盈利,而且要确保各个产品型号在完整的生命周期内也处于盈利状态,只有在完整的生命周期内都处于盈利状态的产品才是真正创造价值的产品。全成本核算不仅核算了产品在生产、销售、服务及管理环节中所产生的全部变动成本,而且也将产品在全生命周期中直接产生的全部固定成本纳入产品盈亏的核算中,这样可进一步减少期间费用这个成本"大锅饭"在各个产品型号盈亏核算中的不合理分摊,也可进一步奠定价值管理的基础。

三、按生产作业环节进行价值创造的核算

在日常的生产、经营管理中,企业即便是分产品型号进行当期财务盈亏独

立核算，并且能确保每个产品型号在完整的生命周期内都是处于盈利的状态，但这也只能把最小的核算单位确定在不同的产品型号上，此时在该产品的生产、服务及管理过程的各个作业环节中，企业仍应采用按成本中心的管理模式来进行成本管理。传统成本中心管理模式是一个对成本进行限制的预算制管理模式。在这种管理模式下，每一个成本中心都是成本的消耗部门，而不是价值的创造部门。

在采用作业变动成本法后，产品生产、服务及管理过程中的任何一个作业环节（成本中心）产生的变动成本数额都是可以被精确核算出来的。企业将每一个成本中心在上一年度所产生的变动成本额作为标杆，采用基本损益方程式可计算出每一个成本中心的单独降本额对利润提高的直接贡献值，而每一个成本中心对产品利润提高的直接贡献值就是每一个成本中心对价值的创造额。因此，企业可以通过作业变动成本法将每一个成本中心按虚拟利润中心的方式管理，将原来每一个成本中心对产品成本的降低数额直接折算为对产品利润的增加值，从而实现对原成本中心的价值管理。这样一来，不仅产品线可以作为利润中心被管理，而且生产、经营过程中的各个作业环节也可按虚拟利润中心被管理，以全面实现企业对产品生产、经营的价值管理。

本章小结

本章以强化产品变动成本的控制和管理为中心，制订了一整套产品变动成本控制与管理的流程体系。

总结起来，产品变动成本控制与管理的方法是：按产品生产作业流程及变动成本的发生源头确定变动成本的管理组织系统，形成若干个责任部门、责任班组，由此来构成成本管理组织系统；对每个责任部门、责任班组制订变动成本标准，各作业环节的变动成本标准额应比上一年度的实际变动成本发生额低，要使具体降本比例具有挑战性，但它也应该是可努力实现的目标值；按产品型号建立产品变动成本数据库，将产品在各作业环节的变动成本期初值、现行变动成本标准值、期末实际成本值均纳入数据库管理，成为企业 ERP 中的组成部分,从而使变动成本管理成为自动化、常态化的工作;依据变动成本数据库的各种成本数据记录建立变动成本考核体系,对每个责任部门、责任班组进行考核;依据产品变动成本考核的结果和各责任部门、责任班组所降低的变动成本具体数值,将所降低的变动成本具体数值转换为毛益贡献增加值,再转换成各责任部门、责任班组所创造的经济效益;在此基础上对各责任部门、责任班组制订一定比例的经济效益共享计划,建立与降本业绩挂钩的奖惩体系。以上的产品变动成本控制与管理模式可以以产品变动成本管理报表的形式,报告给各变动成本责任单位和企业的降本委员会及管理者,以形成自我控制、自我管理、上下一体化的产品变动成本管理体系。

思考题

1. 为什么要按产品型号建立产品变动成本数据库?
2. 为什么要建立基于考核的产品变动成本奖惩体系?
3. 什么是生产作业环节的价值管理?
4. 能够以生产作业环节的责任班组为单位进行产品变动成本的管理和奖惩吗?为什么?
5. 能够以生产作业环节的班组为责任单位进行价值管理吗?为什么?

第四篇
产品全周期、全流程的经济决策

✣ 第十一章　分产品型号核算盈亏平衡点

✣ 第十二章　产品变动成本与产品定价的关系

✣ 第十三章　产品全周期、全流程的经济决策

第十一章
分产品型号核算盈亏平衡点

许多企业只会用财务会计的方式进行财务管理,没有采用管理会计针对每个产品型号进行盈亏的管理,在这种粗放的管理模式下,管理者只知道企业整体是否盈利,但并不知道每一个产品型号是否真实盈利,当企业的产品型号较多时,必然会出现部分亏损的产品型号"滥竽充数"的情况,这些"滥竽充数"的产品型号往往销售收入很高,看起来是盈利的,但其实每年都在亏损,给企业造成大量的损失。企业要想对产品线制订优胜劣汰方案,就必须分产品型号进行经济决策。

第一节　分产品型号核算盈亏的必要性

产品变动成本的计算是核算产品盈亏平衡点的基础，如果企业财务不能计算出每种产品的单位变动成本，就无法准确核算出每种产品的盈亏平衡点，也就无法真实得知企业各种产品的盈利状态。如果分产品型号的变动成本核算出现较大偏差，就会造成各产品型号的盈亏平衡点核算错误，导致产品经营结果与预算出现重大偏差。有的企业在每季度的财务损益表中反映的各项产品的毛利都很高，但在年终财务核算时，企业却出现了大面积的亏损。其主要原因包括：一是每种产品的变动成本核算不准确，有许多产品的变动成本在核算中统计不完整，产品的高毛利是一种假象，但这种假象会误导企业管理者做出错误的产品定价策略，最终导致企业经营结果的大幅偏差；二是没有达到各种产品盈亏平衡点时所需的销售数量，这样即便产品的变动成本核算准确，毛利很高，最终仍将导致该产品的亏损。如果企业没有分产品型号来核算产品的变动成本，或分产品型号核算出的变动成本不准确，那么它根本得不到正确的产品盈亏平衡点的销售数量。因此，只有按产品型号逐一核算产品的盈亏平衡点，并依此来做财务预算、经营计划，才有可能真正控制经营的结果。本章主要阐述分产品型号核算产品盈亏平衡点的方法。

第二节　产品成本、数量和利润的关系分析

一、产品成本、数量和利润的关系

促使人们研究作业变动成本法的动因是传统的成本分类不能满足企业决

策、计划和控制的要求。企业内部的经营管理工作，通常以产品数量为起点，以利润为目标。企业管理者在决定产品生产和销售数量时，非常想知道它们对企业利润的影响。但是采用传统的财务核算方法，在产品产量和利润之间还有收入和成本。收入很容易根据数量和单价来估计，但产品成本则不然。无论是产品总成本还是单位产品成本，它们都难以把握。企业不能简单地用单位产品成本乘以数量来估计总产品成本，因为在采用传统的完全成本法时，当产品数量发生变化之后，单位产品的成本也会变化。企业管理者需要建立一个数学模型，在这个数学模型中除了产品产量和利润外，其他都是常数，使产品产量和利润之间能够建立起直接的函数关系。企业管理者通过利用这个数学模型，在产品销售数量变动时就能够估计出其对利润的影响，或者在目标利润变动时计算出完成目标利润所需要的产品销售数量。建立这样一个数学模型的主要障碍是产品成本是与产品销售数量相关的变量，在成本、数量、利润之间如果存在两个变量，就难以建立起成本、数量利润间的函数关系。为此，企业管理者应首先研究产品成本和产品销售数量之间的关系，并确立成本性态的分类，然后在此基础上明确产品成本、数量和利润之间的关系。

采用作业变动成本法的好处是在把成本分解成固定成本和变动成本两个部分之后，单位产品的变动成本与销售数量无关，是一个常数，再把收入和利润加进来。这样产品成本、产品销售数量和利润的关系就可以集中在一个数学模型中，非常有利于企业管理者对企业经营的控制、决策和管理。

1. 损益方程

（1）基本的损益方程

目前，采用作业变动成本法的企业可用损益方程式来计算利润，即首先确定企业在一定期间的收入，然后计算与这些收入相配合的成本，两者之差为期间利润。

$$利润 = 销售收入 - 总成本 \quad \text{式（11-1）}$$

$$总成本 = 产品变动成本总额 + 固定成本总额 =$$
$$单位产品变动成本 \times 产品销量 + 固定成本总额 \quad \text{式（11-2）}$$

$$销售收入 = 单价收入 \times 产品销量 \quad \text{式（11-3）}$$

假设产品产量和产品销量相同，就会出现以下损益方程。

$$利润 = 单价收入 \times 产品销量 - 单位产品变动成本 \times 产品销量 - 固定成本总额$$
$$\text{式（11-4）}$$

其中，式（11-4）明确表达了产品成本、销量、利润之间的关系，这个基本方程我们称之为损益方程。损益方程最大的价值在于其可以通过产品成本、销量计算出产品的利润，只有在采用作业变动成本法的前提下该损益方程才能成立。因为只有在采用作业变动成本法时，单位产品的变动成本才是常数，而采用完全成本法时该损益方程是不成立的。这也是我们在产品全周期、全流程的成本分析和经济决策中要采用作业变动成本法的原因，只有能计算出单个产品型号的利润，我们才能够进行单个产品型号的经济决策。因此，损益方程是工科专业进行经济决策的核心。

损益方程包含5个相互联系的变量，给定其中的4个，就可以求出剩余一个变量。

在规划期间利润时，我们通常要把单价收入、单位变动成本和固定成本总额视为稳定的常量，只有产品销量和利润是自由变量。当给定产品销量时，损益方程就可以直接计算出预期利润；当给定预期利润时，损益方程就可以直接计算出应达到的产品销量。

【例 11-1】 某企业每月固定成本为2000元，生产一种产品的单位产品销售收入为20元，单位产品变动成本为12元，本月计划销售1000件产品，问产品每月预期利润是多少？

将有关数据代入损益方程，计算方法如下。

利润=单位产品销售收入×产品销量−单位产品变动成本×
产品销量−月固定成本总额=
20×1000−12×1000−2000=6000（元）

这个方程是一种最基本的形式，它可以根据所需计算的问题变换成其他形式，或者根据企业具体情况增加一些变量，成为更复杂、更接近实际的方程。损益方程实际上是损益表的模型化表达，不同的损益表可以构造出不同的模型。

需要说明的是，这里的利润是指采用企业变动成本法时，财务核算出的利润。

（2）损益方程的变换形式

基本的损益方程把"利润"放在等号的左边，其他变量放在等号的右边，这种形式便于计算预期利润。根据式（11-4），如果待求的数值是其他变量，则可以将损益方程进行恒等变换，使等号左边是待求的变量，右边是其他参数，由此可得出4个损益方程的变换形式。

① 计算产品销量的方程。
产品销量=（固定成本总额+利润）/（单价收入−单位产品变动成本）

② 计算单价的方程。
单价收入=（固定成本总额+利润）/产品销量+单位产品变动成本

③ 计算单位产品变动成本的方程。
单位产品变动成本=单价收入−（固定成本总额+利润）/产品销量

④ 计算固定成本总额的方程。
固定成本总额=单价收入×产品销量−单位产品变动成本×产品销量−利润

2. 毛益贡献方程

（1）毛益贡献

毛益贡献是指销售收入减去产品变动成本以后的差额。

$$毛益贡献=销售收入-产品变动成本$$

用单位毛益贡献表示如下。

$$单位毛益贡献=单价收入-单位产品变动成本$$

【例11-2】 某企业只生产一种产品，单位产品销售收入为12元，单位产品变动成本为6元，销量1200件，则毛益贡献的计算方法如下。

$$毛益贡献=12×1200-6×1200=7200（元）$$
$$单位毛益贡献=12-6=6（元）$$

毛益贡献是产品扣除自身变动成本后给企业带来的贡献，它首先用于收回企业的固定成本，如果还有剩余则成为利润；如果毛益贡献不足以收回固定成本，则发生亏损。

由于产品变动成本既包括生产制造过程的生产变动成本，又包括销售、服务管理过程中的变动成本（期间变动成本），所以毛益贡献也可以具体分为生产毛益贡献（毛益边际贡献）和产品毛益贡献（总营业毛益贡献）。

$$生产毛益贡献=销售收入-产品生产变动成本$$
$$产品毛益贡献=生产毛益贡献-销售变动成本-管理变动成本$$

通常情况下，如果在"毛益贡献"前未加任何定语，则是指"产品毛益贡献"。

【例11-3】 某企业只生产一种产品，单位产品销售收入为12元，单位产品制造变动成本为4元，单位产品销售和管理费变动成本为2元，销量为1200件，那么生产毛益贡献和产品毛益贡献的计算方法如下。

$$生产毛益贡献 = 12×1200-4×1200 = 9600（元）$$

产品毛益贡献 = 9600−2×1200 = 7200（元）

（2）毛益贡献率

毛益贡献率是指毛益贡献在销售收入中所占的百分率。

毛益贡献率=毛益贡献/销售收入×100%=

（单位毛益贡献×销量）/（单价×销量）×100%=

单位毛益贡献/单价×100%

通常情况下，"毛益贡献率"一词是指产品毛益贡献率。

毛益贡献率可以理解为每1元销售收入中毛益贡献所占的比重，它反映的是产品给企业带来贡献的能力。

二、盈亏临界分析

盈亏临界分析是本量利（成本、数量、利润）分析的一项基本内容，亦称损益平衡分析或保本分析。它主要研究如何确定盈亏临界点、有关因素变动对盈亏临界点的影响等问题，并可以为决策者提供企业在何种业务量下将盈利，以及在何种业务量下会出现亏损等信息。

1. 盈亏临界点的确定

盈亏临界点是指企业处于收入和成本相等的经营状态，即在毛益贡献等于固定成本总额时企业所处的既不盈利又不亏损的状态。通常用一定的业务量来表示这种状态。

就生产单一产品的企业来说，盈亏临界点的计算并不困难。

计算利润的公式如下。

利润=单价收入×销量−单位产品变动成本×销量−固定成本总额

利润等于0的销量为盈亏临界点产品销量。

0=单价收入×盈亏临界点产品销量−单位产品变动成本×

盈亏临界点产品销量−固定成本总额

盈亏临界点产品销量=固定成本总额/（单价收入−单位产品变动成本）

式（11-5）

又因为：

单价收入−单位产品变动成本=单位毛益贡献

所以，式（11-5）又可写成：

盈亏临界点产品销量=固定成本总额/单位毛益贡献

2. 安全边际

安全边际是指正常产品销售额超过盈亏临界点产品销售额的差额,它表明导致企业不亏损的产品销售额下降幅度。

安全边际的计算公式如下。

$$\text{安全边际}=\text{正常产品销售额}-\text{盈亏临界点产品销售额} \quad \text{式(11-6)}$$

安全边际和安全边际率的数值越大,企业发生亏损的可能性越小,企业经营就越安全。

第三节 损益方程的真实内涵

一、损益方程并不适合所有的成本核算方法

损益方程清晰地表达了利润、成本和数量之间的关系,产品的利润可以通过计算公式计算,大大降低了经济决策的复杂程度,但我们必须要清晰地认识到,不是所有的成本核算方法都可以采用损益方程,例如完全成本法、作业成本法就不能使用损益方程,只有变动成本法、作业变动成本法可以使用损益方程。原因是完全成本法、作业成本法的单位产品成本中都包含有固定成本,而固定成本的特性之一就是单位产品中的固定成本不是常数,其本身就是一个变量,在同一个损益方程式中存在利润、成本两个变量时是无法求解的。因此,完全成本法、作业成本法就不能使用损益方程式。而变动成本法、作业变动成本法不同,在变动成本法、作业变动成本法中,产品成本就是变动成本,变动成本的特性之一就是单位产品中的变动成本是一个常数,因此当采用变动成本法、作业变动成本法进行成本核算时,就可以用损益方程进行经济决策。

二、损益方程所揭示的经济决策内涵

损益方程不仅是一个计算式,而且也表达了企业该如何进行成本控制,该

如何进行科学的经营管理，损益方程揭示了经济决策的内涵。我们再来回顾一下损益方程。

利润=单价收入×产品销量−单位产品变动成本×产品销量−固定成本总额=
　　（单价收入−单位产品变动成本）×产品销量−分摊的固定成本

式（11-7）

利润为零时的损益方程如下。

（单价收入−单位产品变动成本）×盈亏持平产品销量=分摊的固定成本

式（11-8）

先来看式（11-8），式（11-8）中单价收入是指单个产品的定价扣除增值税后的收入，单位产品变动成本就是每一个产品的成本，"单价收入−单位产品变动成本"的含义是单个产品产生的利润贡献值。在产品的定价原则中，单价收入一定是大于单位产品变动成本的，因此每个产品的利润贡献值一定是正值。但每一个产品的利润贡献是微薄的，必须要积少成多，当产品的销量等于盈亏持平的产品销量时，产品利润的累积数额"（单价收入−单位产品变动成本）×盈亏持平产品销量"就达到该产品必须要摊销的固定成本总额，也就是说，只有当产品累积的利润贡献总额达到该产品必须要摊销的固定成本总额时，产品才能够盈亏持平；当产品销量低于盈亏持平产品销量时，产品就是亏损的（即便单个产品有正的利润贡献值）；只有当产品销量高于盈亏持平产品销量时，产品才是盈利的。产品销量超过盈亏持平产品销量越多，产品的获利就越大，这就是损益方程式（11-7）的内涵。为了提高产品的投资回报，即提高式（11-7）中的利润，可采用如下的方法。

① 尽可能降低产品的变动成本，提高单位产品的利润贡献额。

② 尽可能提高产品销量，增加利润累积的数量。

③ 尽可能降低固定成本总额，因为固定成本总额是以产品的研发成本为主体，换言之，要尽可能降低产品的研发成本。

由此可见，损益方程的内涵揭示了产品经济决策的核心本质。

第四节　单一产品盈亏平衡点的核算

本节分析企业只有单一产品的经营情况。

假设某企业只生产一种产品,该产品的单位产品变动成本为 A,企业的固定成本总额为 B,为保证盈亏平衡,该产品的销量为 C,该产品的市场单位销售收入为 D,根据损益方程,盈亏平衡点的核算方式如下。

利润=(单价−单位产品变动成本)×产品销量−固定成本总额

利润等于 0 时,为盈利平衡状态,上式可做如下变化。

即:(单价−单位产品变动成本)×产品销售数量=固定成本总额

将本例的假设代入后得到如下结果。

$$(D-A) \times C = B \quad \text{式(11-9)}$$

式(11-9)的具体含义如下。D 为扣除产品的增值税后的单个产品的销售收入;$(D-A)$ 为单个产品的销售收入减去单个产品的变动成本,实际上为单个产品的毛益贡献;$(D-A) \times C$ 为该产品销售 C 台(套)后的毛益总额。在已知 D、A、B 的情况下,用式(11-9)可计算出盈亏持平时产品销量(台、套)的保底数。当产品实际销售的数量高于盈亏平衡时的销量时,企业就处于盈利状态;当产品实际销售的数量低于盈亏平衡时的销量时,企业就处于亏损状态。下面举例说明盈亏平衡点的计算方法。

【例 11-4】 某企业仅生产、销售一种高科技产品,该产品的市场销售收入单价为 500000 元/台,该产品生产过程的变动成本总额为 250000 元/台,该产品的销售、服务过程中的变动成本总额为 100000 元/台,该企业每年的固定成本开支为 35000000 元,该企业为保持当年盈亏持平,当年至少要销售多少台产品?企业在盈亏平衡时的年销售收入是多少?

根据式(11-9),已知该产品单台销售收入为 500000 元,单台产品变动成本总额为 350000 元(250000+100000),企业固定成本总额为 35000000 元,因此,该产品在保持盈亏持平时的销量为 35000000/(500000−250000−100000)≈233.3(台),即当年该产品实际销售出 234 台时,企业才能做到盈亏持平。在盈亏持平时,企业当年的销售收入为 500000×234=1.17×10^8(元),即 1.17 亿元。以上的计算过程虽然简单,但该计算要依据准确的产品变动成本数据,这些数据来自该产品在各生产环节和销售、服务环节中所发生的各项变动成本的总额,如果核算不出该产品的变动成本总额,也就无法准确核算出该产品的盈亏平衡点。

第五节　同时经营多种产品时各产品盈亏平衡点的核算

多种产品与单一产品的盈亏平衡点的计算方法最大的差别就是企业的固定成本要分摊到各个单项产品中去。变动成本最大的特点是与产品有密切的关系,即便在同时经营多种产品的情况下,企业也很容易用变动成本法核算出每种产品的变动成本总额。但固定成本就不一样了,固定成本与产品种类没有直接关系,没有办法精确分离出各类产品所产生的固定成本,特别是在企业的分公司、子公司内部。因为在同一分公司、子公司内,产品的相似性、关联性较大,固定成本更难精确划分到产品中。能采取的最简单的方法是分摊固定成本,根据每种产品的销售收入在企业总销售收入中的比例来分摊,即不同种类的产品按其占总销售收入的比例来分摊相对应的固定成本。例如,某企业共有5种产品,这5种产品的年销售收入占企业当年销售收入总额的比例分别为45%、20%、15%、12%和8%。因此,企业可将全年所产生的固定成本按以上比例分摊到每项产品的核算中,在此前提下,可参考式(11-9)计算出每一项产品达到盈亏平衡点时所需的销量及销售收入额度。下列公式组为该5种产品盈亏平衡点的核算公式。

$$(D_1 - A_1) \times C_1 = E_1 \times B \qquad 式(11\text{-}10)$$
$$(D_2 - A_2) \times C_2 = E_2 \times B \qquad 式(11\text{-}11)$$
$$(D_3 - A_3) \times C_3 = E_3 \times B \qquad 式(11\text{-}12)$$
$$(D_4 - A_4) \times C_4 = E_4 \times B \qquad 式(11\text{-}13)$$
$$(D_5 - A_5) \times C_5 = E_5 \times B \qquad 式(11\text{-}14)$$
$$E_1 + E_2 + E_3 + E_4 + E_5 = 1 \qquad 式(11\text{-}15)$$

在该公式组中,D_1、D_2、D_3、D_4、D_5 分别为产品1、2、3、4、5的单位销售收入,A_1、A_2、A_3、A_4、A_5 分别为产品1、2、3、4、5的变动成本,C_1、C_2、C_3、C_4、C_5 分别为产品1、2、3、4、5保持盈亏平衡时的销售台(套)数,B 为企业的固定成本总额;E_1、E_2、E_3、E_4、E_5 分别为产品1、2、3、4、5的销售收入占企业销售收入总额的比例。

$$F_1 = C_1 \times D_1 \qquad 式(11\text{-}16)$$
$$F_2 = C_2 \times D_2 \qquad 式(11\text{-}17)$$

$F3=C3×D3$ 式（11-18）
$F4=C4×D4$ 式（11-19）
$F5=C5×D5$ 式（11-20）

在式（11-16）～式（11-20）中，$F1～F5$ 分别为产品 1～5 在达到盈亏平衡点时必须完成的销售收入总额。

从对多种产品盈亏平衡点的核算过程中不难看出，其核心还是必须掌握每种产品各自的变动成本。企业如果缺乏这个数据，就不可能得到该产品的盈亏平衡点。这也说明了准确掌握每类产品变动成本的重要性。

式（11-13）中各产品型所分摊的固定成本份额可以用各产品型号当年的销量比例来确定，这种分摊方法虽然可以解决企业在经营多种产品情况下每种产品盈亏平衡点的核算问题，但是该方法也存在一定缺陷，即用当年实际发生的各种产品的销售占比来分摊企业固定成本总额，将会出现某种产品销售的数量越多，其负担的固定成本将越大，这将造成销售得越好的产品，反而越难以获得边际利润的情况。这种分摊方法实际上产生了管理上"鼓励落后"的结果。为解决这个问题，企业可采用以下措施：在年初就明确各类产品对企业固定成本总额的分摊比例，年终结算时不改变比例；或将以上一年度各产品的销售收入的占比作为本年度企业固定成本总额的分摊比例，以起到鼓励各产品线创造价值，按创造价值获取奖励的激励结果。

本章小结

大多数企业特别是高新技术企业经营的产品种类有多种，即使只经营一类产品，其产品的型号也有多种。分产品进行财务核算对企业的正常经营管理是非常重要的，但大多数企业在财务核算时，仅采用完全成本法这一种产品成本核算方式。而用完全成本法来分产品类别、型号进行独立核算是一件非常困难的事情，原因就在于，完全成本法将与产品关联性并不大的固定性制造费用纳入产品成本，同时也将许多与产品有密切关系的成本纳入期间费用，造成了严重的成本"大锅饭"的局面。在这种情况下，企业在进行分产品独立核算时，又要将庞大的期间费用按比例分摊到各产品型号，进一步加剧了"大锅饭"的情况。因而，企业采用完全成本法难以进行分产品独立核算，即便用完全成本法进行了分产品的独立核算，准确度也是非常差的。

作业变动成本法已将生产、销售、服务中的大部分成本量化成产品变动成本，而变动成本又与各产品密切关联，因而用作业变动成本法非常容易进行分产品的独立财务核算，避免了不同产品在经营上吃"大锅饭"。

本章详细介绍了产品成本、数量、利润之间的关系，将本、量、利之间的关系用损益方程、毛益贡献方程表示后，可以非常简便地换算出分产品独立核算中的各种财务数据，例如，利润、毛益贡献、盈亏平衡点、盈亏平衡点时的产品销售数量等。

最后，本章通过举例说明，在企业经营单一产品时如何计算产品的盈亏平衡点，以及在同时经营多种产品时，如何分产品型号独立核算盈亏平衡点，并给出了按产品型号独立进行财务核算时，对企业固定成本总额的分摊建议。

 思考题

1. 为什么一定要分产品型号独立进行产品的盈亏核算？
2. 为什么采用作业变动成本法时可以使用损益方程进行经济决策？
3. 为什么采用完全成本法时不能使用损益方程进行经济决策？
4. 你能从损益方程中得到什么启示？
5. 同时拥有多种产品型号时所进行的分产品型号独立盈亏核算，与仅有单个产品型号时所进行的分产品型号独立盈亏核算有什么不同？为什么？
6. 什么是盈亏平衡点的产品销售数量？

第十二章
产品变动成本与产品定价的关系

对产品进行科学、合理的定价是经济决策的重要内容之一，企业要想对产品进行科学、合理的定价，其前提是要精准掌握该产品的变动成本及当期拟分摊的固定成本总额。当产品定价过高时，产品将失去竞争性；当产品定价过低，特别是当产品的定价低于产品变动成本时，将会出现卖一个亏一个、"血本无归"的结局。因此，企业必须要精准掌握产品的变动成本，以及产品变动成本与产品定价之间的关系，要掌握产品定价的基本原则。

产品的定价策略直接关系到企业产品的市场竞争能力,也直接关系到企业的经营效益。产品的定价策略与企业的经营效益之间经常发生矛盾,科学的产品定价体系能协调、化解这些矛盾。本章将从产品变动成本的角度出发,分析产品价格的最低极限,并给出产品定价的基本原则。

第一节　企业固定成本与产品销售的关系

企业固定成本不随产品销量的变化而变化,但其在单位产品中的对应分摊比例却随产品销量的增大而降低,随着产品销量的下降而增高。在产品销售量极大时,每单位产品对应分摊的固定成本小到可以忽略不计。因此,可以采用促销的方式扩大产品的销量,降低单位产品中固定成本的对应分摊值。

虽然在作业变动成本法中,产品的变动成本不包含固定成本,但根据损益方程,在产品盈亏持平时有以下算式。

单位产品单价收入－单位产品变动成本=固定成本总额/产品销售量

上式说明,在产品产量很大时,固定成本总额/产品销售量的值很低,即单位固定成本的对应分摊值很低。这就意味着,即使大幅降低单位产品的单价收入,该产品也可能盈亏持平,也就是说,只要能真正增加产品的销量,哪怕是降价促销也仍能保证该产品不亏损,甚至产生盈利。

第二节　产品变动成本与产品销售的关系

根据产品成本的性态,产品变动成本总额随产品生产数量增加(或减少)而线性增加(或减少),甚至仅多增加一个产品的产量、销量,也会增加由这一个新增产品所带来的变动成本,并且在一定的产品销售数量范围内,不会因为促销或扩大产品的销量,而出现单位产品中变动成本绝对值降低的情况。正是因为变动成本的这个特点,在产品定价时,企业要重点考虑单位产品中变动成本的数额,最容易出现的错误是忽略了单位产品在生产、销售和服务过程中的部分环节,从而漏算了单位产品中已经发生的变动成本数额,造成核算出的单位产品的变动成本低于实际发生的变动成本数额。

第三节　从产品变动成本看产品定价的策略

前两节分析了企业固定成本及产品变动成本与产品销量之间的关系,在此基础上,我们来分析产品定价的策略。

策略一:单价收入高于单位产品中变动成本与分摊固定成本之和

每生产、销售一个产品,都会产生相应的变动成本和分摊的固定成本。其中,变动成本是按每个产品计算出来的;固定成本是根据企业固定成本总额,并按产品类别、数量分摊出来的。只要产品的销售单价高于单位产品的变动成本和分摊到该产品的固定成本之和,单位产品就已产生利润。在正常经营状态下,企业应以产品销售单价高于单位产品中变动成本与分摊固定成本之和为原则,确定产品的定价策略。正常销售定价策略如图 12-1 所示。在执行这个定价策略时,单位产品销售收入已大于单位产品变动成本和单位产品分摊固定成本之和,这时只要该产品的销量大于该产品盈亏平衡点的销量,该产品就一定盈利。在这个定价策略下,企业如果再采用各种措施来降低产品的变动成本和固定成本,就能明显提高企业的经营效益。这里要特别强调的是,按此原则所确定的销量要满足一个基本条件,即该产品的销量必须超过该产品盈亏平衡时的销量基数。

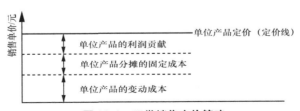

图 12-1　正常销售定价策略

策略二：销售单价高于单位产品中变动成本，低于单位产品中变动成本与分摊固定成本之和

在市场竞争激烈的时候，企业如果用前面介绍的定价策略，那么当产品的售价高于竞争对手时，会严重影响到该产品的销售规模。这时企业可以采用降价促销。但一旦产品降价销售，产品的定价线就可能低于单位产品变动成本与单位产品分摊固定成本之和。降价促销定价策略如图12-2所示。产品促销定价低于单位变动成本与对应分摊固定成本（促销前）之和如图12-2（a）所示。该定价策略的原则是，产品销售单价必须高于单位产品的变动成本，但可以低于单位产品变动成本与单位产品要对应分摊的固定成本（促销前）之和。其理由是，固定成本总额是不变的，在产品销量较小时，每个产品对应分摊的固定成本绝对值相对较高，采用降价促销方式后，产品的销量大幅增加，每个单位产品对应分摊的单位固定成本值也会大幅降低，原本低于单位产品变动成本与单位产品对应分摊固定成本（促销前）之和的销售额，会因为产品销量的大幅增加，反而达到了产品促销额高于单位产品变动成本与单位产品对应分摊固定成本（促销后）之和的结果，企业仍然可在产品降价促销活动中获利。促销的目标如图12-2（b）所示。促销的目的是通过增大产品的销量，达到降低单位产品对应分摊的固定成本，最终达到单位产品的促销额从低于单位产品变动成本与单位产品对应分摊固定成本（促销前）之和，到高于单位产品变动成本与单位产品对应分摊固定成本（促销后）之和的目的，即通过降价促销，又使单位产品的利润为正，达到赢利的目的。

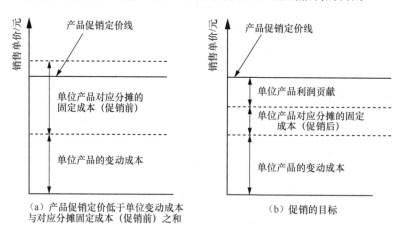

图 12-2 降价促销定价策略

第十二章　产品变动成本与产品定价的关系

第四节　产品销售单价不得低于单位产品的变动成本

在正常经营情况下（停产清货除外），产品的销售单价都不允许低于单位产品的变动成本。因为单位产品变动成本的特征是：每新增一个产品，就必须新增一份支出的单位变动成本，单位产品的变动成本不会因为促销或者其他扩大了产品销量的方式而降低。如果以低于单位产品变动成本的价格销售，就会出现卖一台（套），亏一台（套）的结果，这时促销规模越大，亏损就越严重。这个道理几乎所有的企业管理者都懂，但仍不断会有这种情况发生。最主要的原因不外乎两种：一是该企业没有采取变动成本法，根本就不知道每种产品的单位变动成本，盲目定价；二是企业虽采用了变动成本法，但在产品变动成本的核算上存在问题，忽略了一些产品变动成本的产生环节，从而漏算这些环节所发生的变动成本数额，因此出现了自认为销售单价已高于单位产品的变动成本，但实际上却出现了以低于单位产品变动成本的销售单价销售的情况，这种情况最终会导致企业大规模亏损。

本小节分析了产品变动成本与产品定价的密切关系，每一类型产品的定价策略都是以产品变动成本的核算为基础的。产品变动成本的核算错误，将直接导致产品的定价错误，最终会导致企业的经营亏损。这也就是本书为什么要采用作业变动成本法，将各生产作业环节中的混合成本尽可能转换成产品变动成本的原因。

本章小结

本章根据产品变动成本及固定成本的性态、损益方程及毛益贡献方程的规则，提出了企业产品定价的基本原则。企业产品定价的 3 个原则如下。

原则一：企业应先核算出达到产品盈亏平衡销量时的单位产品应分摊的固定成本总额、单位产品的变动成本总额及希望得到的单位产品的利润贡献值，依此确定出产品应该的定价。即以盈亏平衡时的单位分摊固定成本，加上单位产品变动成本，再加上合适的单位产品利润，依此三者之和来定价。按这个定价原则，当产品销量大于产品在盈亏平衡点时的销量时，该产品一定能够盈利，且可由损益方程计算出对应的盈利额。

原则二：企业可以以低于单位产品变动成本与单位产品对应分摊固定成本（促销前）之和的价格来定价，但一定要通过各种手段（包括降价促销的方式）来增大产品的销量，因为产品的销量越大，单位产品应分摊的固定成本越低，可使该产品即使降价也能达到赢利的目的。

原则三：任何时候，企业都不能以低于单位产品的变动成本的价格进行产品销售。

 思考题

1. 在正常销售时的产品定价策略是什么？
2. 在大规模促销时的产品定价策略是什么？你能用损益方程来解释大规模促销时的产品定价依据吗？
3. 为什么产品的定价在任何时候（停产清货除外）都不能低于产品的单位变动成本？
4. 为什么大规模促销时，产品销售单价可以远低于正常销售时的产品单价？

第十三章
产品全周期、全流程的经济决策

损益方程是经济决策的核心，但在损益方程中，拟分摊的固定成本总额既包含拟分摊给各个产品型号的企业公共固定成本，又包含各个产品型号自己产生的固定成本，这就形成了固定成本分摊的"大锅饭"。企业原本想通过产品型号独立核算来消除变动成本的"大锅饭"，结果又产生了固定成本的"大锅饭"，这是违背初衷的。因此，要引入产品全成本概念，把固定成本总额分解为产品固定成本和非产品固定成本，各个产品型号自己产生的固定成本只能自我消化，不能由其他产品型号来分摊，以真实反映产品型号的投资回报。

第一节　全周期、全流程的成本核算

一、产品全周期、全流程成本核算

产品在其完整生命周期中，产生了策划成本、研究成本、开发成本、制造成本、销售成本、服务成本和损耗成本等，在这些成本中，有的是变动成本，有的是固定成本。例如，在产品策划、研究、开发、质量检查和损耗等环节产生的成本，这些固定成本是产品全周期、全流程累积的固定成本，数额很大，这些固定成本就成了一个新的"大锅饭"。其最大的问题是，由于每个产品都有自己的策划、研究、开发、质量、损耗固定成本，这些原本是由各个产品型号自己产生的固定成本，一旦进入固定成本"大锅饭"中，就失去了原有的产品型号标记。在固定成本"大锅饭"中，企业没有考虑固定成本中有哪些是因某产品而产生的，有哪些是因某产品以前的原因导致当期产生的。企业如果依据损益方程进行经济决策，那么将这些由某个产品自己产生的产品固定成本由别的产品来分摊是不合理的。某产品以前因产品固定成本消耗而产生的亏损，在以后的年度也不会被弥补，这也是不合理的。

这种固定成本"大锅饭"的粗放处理方法带来的弊端有以下3个方面。

一是已知是由某产品引发的固定成本，没有在该产品的独立核算中体现，而是先被归集到固定成本这个"大锅饭"中，再按其他的分摊规则分摊到每个产品之中进行核算，这是不合理的。

二是在对该产品制订定价策略时，没有将该产品已产生的固定成本纳入该产品的定价核算中，或者说，企业没有更精确、更实际地按该产品的真实成本来定价,后果是产品定价一定会偏低。这样定价的结果,是没有考虑通过该产品的销售来收回该产品已经产生的全部成本。

三是不能准确地核算该产品的真实盈亏,不利于该产品的资本运作决策,也不利于该产品全生命周期的管理和决策。

二、产品全周期、全流程成本核算中固定成本的处理方式

企业要想有效地解决这些固定成本"大锅饭"中不合理的问题,就要对企业的固定成本总额进行分解,原来的固定成本是否与某产品有关联、是否因某产品而产生的类似问题没有进行区分,而现在,企业必须要追溯固定成本的发生动因、来源,把因某产品而产生的固定成本归集到该产品的全成本核算中去,然后再进行准确的产品经济决策。因此,不能将因某产品而产生的固定成本由其他产品来承担。

为了达到按动因分解固定成本的目的,我们把企业的固定成本总额分为有产品对象的固定成本(产品固定成本)和无产品对象的公共固定成本(非产品固定成本),并且有必要对以下几个固定成本的相关定义进行介绍,需要明确的是,以下所说的产品固定成本是产品全周期、全流程中的固定成本。

(1)固定成本总额

$$固定成本总额=产品固定成本总额+非产品固定成本总额$$

(2)产品固定成本总额

$$产品固定成本总额=\sum_{1}^{m}产品固定成本n \qquad 式(13\text{-}1)$$

在式(13-1)中,$n=1, 2, \cdots, m$。产品固定成本 n:第 n 个产品的产品固定成本。

(3)非产品固定成本总额

$$非产品固定成本总额=固定成本总额-产品固定成本总额=$$

$$固定成本总额-\sum_{1}^{m}产品固定成本n \qquad 式(13\text{-}2)$$

(4)期末剩余的产品固定成本

期末剩余的产品固定成本为某产品已累积发生的固定成本总和减去已被当期分摊、消化过后剩余的该产品的固定成本。

(5) 全成本损益方程

前面所阐述的损益方程没有区分产品固定成本和非产品固定成本。企业在对每个产品型号进行独立核算时，采用的是企业固定成本总额的分摊比例，没有体现产品全成本的概念。因此，我们按产品全成本的定义对损益方程进行修正，将损益方程中的固定成本总额进行分解，使每一个产品型号要独立、完整地承担本产品型号在全周期、全流程中产生的全部产品固定成本，且不再分摊其他产品型号在全周期、全流程中产生的产品固定成本，在此基础上，再分摊部分非产品固定成本。

因此，在全成本（产品全周期、全流程）概念下，计算当期利润的损益方程应修正如下。

利润（当期）=单位产品收入×产品销量-单位变动成本×产品销量-
　　该产品固定成本总额（当期应分摊）-分摊的非产品固定成本

式（13-3）

式（13-3）中的单位变动成本、产品固定成本、非产品固定成本的核算周期，都是从产品策划开始、到开发、制造、销售、服务、改进、更新、报废、终止等产品全周期、全流程所有环节，当期具体分摊的产品固定成本份额按产品固定成本年度分摊计划进行。

引入产品全成本概念后，只有非产品固定成本才可以按企业确定的分摊规则，在不同产品型号独立核算时进行分摊，而产品固定成本必须在产品进行独立核算时全额自担负。任一产品型号在进行经营核算、投资回报核算、定价决策、产品降本决策分析等经济决策时，要考虑以下两个固定成本。

一是该产品自身发生的产品固定成本总额，如果产品固定成本总额较大，在一年内收回成本经营压力太大，那么可以分年度分摊固定成本总额，每年的固定成本额度称为当期该产品固定成本，期末剩余的产品固定成本在以后年度中继续按分摊计划分摊，一直到分摊完为止。

二是该产品应分摊的企业非产品固定成本（公共固定成本）。

三、资金成本

这里还要强调一下资金的成本，无论是在产品研发，还是制造、销售服务、产品全生命周期管理的任何阶段，如果企业的自有资金不够，企业就要贷款，贷款的资金是要支付利息的，这就是资金的成本。企业在进行经济决策时必须要考虑资金的使用成本。即便企业在产品研发、制造、销售服务、全生命周期管理的任何阶段中都没有借贷，即没有产生资金成本，如果经济决策的结果是回报率低于银行的借贷利率，那么这样的投资回报也是没有实际意义的。

第二节　产品全周期、全流程投资回报的经济决策核算

某产品型号全周期、全流程的投资回报核算公式如下。

产品型号投资回报=单位产品平均收入×产品销售总量−单位变动成本×产品销量总量−产品固定成本总额−计划分摊的非产品固定成本总额

式（13-4）

在式（13-4）中，单位变动成本为产品从策划开始到产品终止时所有环节产生的单位变动成本累计总额，产品固定成本为该产品从策划开始到产品终止时所有环节产生的产品固定成本累计总额，销售总量为产品销售以来的累积总销量，产品销售单价为该产品销售以来的平均单价。但在核算该产品的投资回报时，损耗成本总额可能还没有产生，在此可用一经验值来预设置扣除。

产品的投资回报如果按式（13-4）计算结果为正，且计算结果又大于该产品资金使用成本总额时，为有效的投资回报；如果按式（13-4）计算结果为正，但计算结果小于该产品资金使用成本总额时，则为低效的投资回报；如果按式（13-4）计算结果为负时，则投资回报为亏损。

第三节　考虑产品全周期、全流程成本后的定价

在考虑了产品全周期、全流程的成本后，产品的定价机制与只考虑生产、销售、服务环节成本的定价机制是不同的，这时的单位产品变动成本应为从产

品策划开始到产品终止时所有环节产生的单位变动成本累计总额;产品固定成本为该产品从策划开始到产品终止时所有环节产生的产品固定成本累计总额,及该产品应分摊的企业非产品固定成本。

考虑产品全周期、全流程成本后的产品定价机制如下。

产品单价≥单位产品变动成本+该产品固定成本总额/该产品销售数量总额+该产品所分摊的非产品固定成本/该产品销售数量总额+预计的单位产品利润

式(13-5)

在大规模产品促销降价时,要认真核对促销后拟增加的产品数量,以及促销数量增加所带来的单位产品固定成本及单位分摊固定成本的下降值,使产品促销单价要高于单位产品变动成本与新销售数量下单位产品所分摊的各类固定成本之和。

第四节 产品的经济决策分析案例

一、产品型号当期利润的经济决策

所谓产品型号当期利润的经济决策,就是要核算某个产品型号在这个年度的盈利情况,在利用损益方程式进行利润核算时所使用的数据。例如,销售单价、销售数量、变动成本总额、产品固定成本、非产品固定成本等都是本年度的数据,产品固定成本、非产品固定成本都是计划在本年度摊销的固定成本,这样核算出来的利润才是本年度的真实利润。

进行产品型号当期利润经济决策的损益方程如下。

利润(当期)=单位产品收入×产品销售数量−单位变动成本×产品销售数量−该产品固定成本总额(当期应分摊)−分摊的非产品固定成本

式(13-6)

下面列举一个进行某产品型号当期利润经济决策的案例。

【例13-1】 某产品型号当年的产品单价为10000元,产品当期的销售数量为500000台,单位变动成本为6500元,该产品当期计划摊销的产品固定成本为 15000000 元（包含当期计划摊销的产品策划、开发、质量、损耗、资金成本等），该产品当期计划摊销的非产品固定成本为 10000000 元。

由于产品单价包括应缴纳的增值税（这里按 13%的增值税计算），则
单位产品收入=产品单价÷（1+13%）=10000÷（1+13%）≈8850（元）
利润（当期）=单位产品收入×产品销售数量－单位变动成本×产品销售数量－该产品固定成本总额（当期应分摊）－分摊的非产品固定成本=
8850×500000－6500×500000－15000000－10000000=1150000000（元）

式（13-7）

通过核算该产品型号的当期利润为 1150000000 元。

产品型号当期利润的经济决策是产品开发结束后、生产经营中的经济决策，看起来产品型号当期利润的经济决策与产品设计者的关系不大，但经济决策中所采用的产品变动成本、产品固定成本的数据来源均是产品设计方案决定的，产品变动成本、产品固定成本的大小将决定经济决策的结果。

二、产品型号投资回报的经济决策

所谓产品型号投资回报的经济决策，就是要核算某个产品型号在全生命周期内的盈利情况，在利用损益方程式进行利润核算时，所使用的数据要考虑全生命周期的情况。例如，之所以用产品平均单价的概念，是因为该产品型号在全生命周期内已销售了若干年，每一年的销售单价可能不完全一样，所以要用产品的平均单价来核算；销售数量要以该产品全生命周期内已经销售的该产品型号的总额来核算；产品变动成本总额、产品固定成本、非产品固定成本等都是产品全生命周期、全流程的总成本数据，即要考虑从产品的策划开始，一直到开发、制造、销售、服务、改进、更新、报废、终止等全周期、全流程发生的所有产品变动成本、产品固定成本、非产品固定成本（计划由该产品型号摊销的公共固定成本），特别是由该产品型号为动因所发生的产品固定成本总额，无论是哪一年发生的，都要纳入该产品型号的投资回报经济决策，只有这样核算出来的利润回报才是该产品型号真实的利润回报。

进行产品型号投资回报经济决策的损益方程如下。

产品型号投资回报=单位产品平均收入×产品销售总量−单位变动成本×
产品销售总量−产品固定成本总额−计划分摊的非产品固定成本总额

式（13-8）

下面列举一个进行某产品型号投资回报经济决策的案例。

【例13-2】 某产品型号全生命周期内产品平均单价为10000元，产品全生命周期内的销售总量为1500000台，单位变动成本为6500元，该产品全生命周期内的产品固定成本为80000000元（包含全生命周期内所有该产品的固定成本），该产品计划摊销的非产品固定成本总额为40000000元。

由于产品平均单价中包括了应缴纳的增值税（这里按13%的增值税计算），则
单位产品平均收入=产品平均单价÷（1+13%）=1÷（1+13%）≈8850（元）
产品型号投资回报=单位产品平均收入×产品销售总量−单位变动成本×产品销售总量−产品固定成本总额−计划分摊的非产品固定成本总额=
8850×1500000−6500×1500000−80000000−40000000=3405000000

式（13-9）

通过核算该产品型号的总投资回报为3405000000元。

产品型号投资回报的经济决策有两个重要的作用：一是在产品开发前验证产品设计方案能否满足产品的经济指标要求，如果经济决策的结果不能满足产品的经济指标要求，就要重新修改设计解决方案，直至满足产品的经济指标要求为止；二是在进行产品型号资本运作时，科学地判断出该产品型号的经济价值，直接进入资本市场。

第五节　用自动测试替代人工测试的经济决策对比案例

在投资回报的经济决策方法中，采用人工测试，还是自动测试，对投资回报核算的损益方程式而言，其损益方程式本身并没有什么差别，其差别主要体现在核算生产作业环节中测试环节的变动成本数额。采用人工测试方法时，一个产品型号的测试需要消耗大量的高级工程技术人员的人工成本及高端测试仪器仪表的折旧费，如果把这些人工测试环节所消耗的成本按单位产品型号进行归集，就形成了人工测试环节的大量变动成本；采用自动测试方

法时，产品型号的测试可由自动测试装置自动、高速地进行，不仅不需要消耗大量的高级工程技术人员的人工成本，而且对高端测试仪器仪表的占用时长也很短，此时高端测试仪器仪表的折旧费就很低。所以两种测试方法的变动成本差别很大，会直接影响到投资回报的结果。

但从人工测试改为自动测试也是要付出代价的，进行自动测试就需要开发自动测试装置，需要进行额外的开发投入，而且在被测的产品型号中还要增加一些额外的测试电路，因此就要增加元器件的变动成本数量。采用自动测试方法在减少生产作业环节变动成本的同时，除了要增加产品元器件的变动成本外，还要增加开发自动测试装置过程中的产品开发固定成本。采用自动测试替代人工测试有没有经济价值，分别采用人工测试及自动测试方法，比较两种方法的投资回报结果，再进行最终决策。

一、采用人工测试方法的投资回报

下面列举某产品型号采用人工测试方法时的产品投资回报的案例。

【例13-3】 某产品型号全生命周期内产品平均单价为500元，产品全生命周期内的销售总量为10000台，单位产品变动成本为300元（其中包括人工测试生产环节的变动成本200元，其他环节的单位产品变动成本100元），该产品全生命周期内的产品固定成本为600000元（包含全生命周期内所有该产品的固定成本），该产品计划摊销的非产品固定成本总额为400000元。

由于产品平均单价中包括了应缴纳的增值税（这里按13%的增值税计算），则，
单位产品平均收入=产品平均单价÷（1+13%）=500÷（1+13%）≈ 442.48（元）
产品型号投资回报=单位产品平均收入×产品销售总量−单位变动成本×产品销售总量−产品固定成本总额−计划分摊的非产品固定成本总额=

442.48×10000−300×10000−600000−400000=424800（元） 式（13-10）

通过核算采用人工测试方法时，该产品型号的总投资回报为424800元。

二、采用自动测试方法的投资回报

下面列举该产品型号采用自动测试方法时产品投资回报的案例。

【例 13-4】 某产品型号全生命周期内产品平均单价为 500 元,产品全生命周期内的销售总量为 10000 台,单位产品变动成本为 200 元(减去原人工测试生产环节的变动成本 200 元,增加了自动测试环节的单位产品变动成本 50 元和自动测试后所增加的单位产品元器件材料变动成本 50 元),该产品全生命周期内的产品固定成本为 800000 元(在人工测试产品固定成本 600000 元的基础上,增加了自动测试装置的研发成本 200000 元),该产品计划摊销的非产品固定成本总额为 400000 元。

由于产品平均单价中包括了应缴纳的增值税(这里按 13%的增值税计算),则,单位产品平均收入=产品平均单价÷(1+13%)=500÷(1+13%)≈442.48(元)
产品型号投资回报=单位产品平均收入×产品销售总量−单位变动成本×产品销售总量−产品固定成本总额−计划分摊的非产品固定成本总额=
442.48×10000−200×10000−800000−400000=1224800(元)　　式(13-11)

通过核算采用自动测试方法时,该产品型号的总投资回报为 1224800 元。

三、是否采用自动测试替代人工测试的经济决策

经过投资回报的经济决策核算比对,采用人工测试方法时该产品型号的总投资回报为 424800 元,采用自动测试方法时该产品型号的总投资回报为 1224800 元,可见采用自动测试后,即便增加了单位产品元器件材料变动成本 50 元和自动测试装置的开发成本 200000 元后,采用自动测试方法的投资回报也明显高于采用人工测试方法时的投资回报,因此,在案例 13-4 中,用自动测试替代人工测试的决策是正确可行的。

第六节　对原产品进行重新设计的经济决策对比案例

一、产品降本决策采用全成本的必要性

本书在前面的章节中较为详细地阐述了全局性优化产品变动成本的方法,

全局性优化变动成本的成效很明显,但全局性的变动成本优化措施往往需要资金、人力、物力的投入,特别是采用产品重新设计的变动成本优化方法,其投入的产品研发金额较大,相当于一个新产品的立项投入。

许多企业管理者只看到产品重新设计以后,新产品变动成本比原产品变动成本下降20%~30%,甚至有时变动成本的降低幅度可达40%左右,因此每年都要进行一次产品重新设计,持续性地大幅优化产品的变动成本。直观来看,企业每进行一次产品重新设计,产品变动成本的下降幅度可达30%左右。如果连续4次进行产品重新设计后,产品变动成本可降到原变动成本的25%左右,单从优化产品变动成本的角度来看,优化变动成本的成效是非常显著的。假设产品的销售单价4年都不变化时,该产品的毛利贡献率便可大幅提升,产品毛益贡献率的计算方法如下。

产品毛益贡献率=(产品销售收入-产品变动成本)/产品销售收入

式(13-12)

经过连续几次的重新设计后,产品变动成本得到了大幅降低,如果该产品的单价没有改变,产品的销售数量也没有变化,即产品的销售收入每年都保持一样,按照上面产品毛益贡献率的计算公式,该产品的毛益贡献得到了大幅提升,这是企业管理层希望看到的结果。

但是上面的产品毛益贡献率的计算公式并没有考虑产品全周期、全流程的成本变化。如果采用产品全周期、全流程的全成本方式进行核算后,其经济决策的结果并不是很好。产品全周期、全流程的全成本的投资回报核算公式如下。

产品型号投资回报=单位产品平均收入×产品销售总量-单位变动成本×产品销售总量-产品固定成本总额-计划分摊的非产品固定成本总额　　式(13-13)

式(13-13)中的产品投资回报是指,每一次产品重新设计周期内的投资回报。所谓重新设计周期是从重新设计开始的新产品策划、新产品技术研究、新产品开发、新产品生产,到该新产品停止生产及销售,即整个新产品的生命周期。如果企业为了持续优化产品变动成本,每年都进行一次产品重新设计,那就意味着新产品的投资回报周期只有一年的时间,投资回收期太短。而在这么短的回收期内要优化产品变动成本,也要付出很大的成本代价。许多成本项在计算产品毛益贡献率时并没有被考虑，这些没有被考虑的成本项有新产品策划成本、新产品技术研究成本、新产品开发成本、新产品质量成本及产品损耗成本。这些没有被考虑的成本项，不是因为其没有发生，而是按照财务准则，这些成本都反映在当期或以后年度中的期间费用里，并且出现在以后年度中的期间费用的比例会更大一些。但在产品毛益贡献的核算中，只反映销售收入与变动成本之差，收入不变时，变动成本大幅降低，毛益贡献自然会大幅提升，所以企业不应从全周期、全流程的全成本角度进行经济决策，其决策的结果往往是片面的，是不符合实际情况的。下面详细分析一下产生这些偏差的原因。

1. 新产品开发的总成本

如果想通过重新设计的方法来优化原产品的变动成本，就要启动优化研发项目，这会产生新产品的开发总成本，新产品的开发总成本包括新产品的策划成本、技术研究成本及开发成本。新产品的开发总成本取决于企业为之投入资金、研发工程师的工时总数及仪器仪表的添置折旧。新产品的开发成本一般在期间费用中的管理费中列支，不会影响产品的毛益贡献。但研发投入会影响到当期和下期的产品利润。

2. 损耗成本

产品的损耗成本主要是质量事故成本和产品更新后，使过去的产品未销售的产成品、半成品、专用物料产生的报废成本。

用新产品替代过去的产品后，凡未完成销售的过去的产品中尚未销售完的整机产品、半成品、专用物料都将报废，但这些报废物资在财务账面上的报损计提是有滞后效应的，在没有完成相应资产报损之前，这些即将报废的物资，在当期的财务账面上仍将体现为资产，不会影响当期的毛益贡献率，也不会影响当期的利润，但新产品替代原产品后，不仅原产品的存货只能报废，而且原产品也不会再生产，其库存的半成品、专用物料也将报废，这些损耗成本一定会影响下期的利润。

企业频繁地更新产品，也极大地提高了质量事故成本的发生概率。企业一旦发生质量事故，将会产生大量的产品损耗和工程现场的人工费用、差旅费用，但这些费用可能不是在当期产生的，而是在下期产生的，并且是在期间费用中体现的，会影响下期利润。质量事故成本不会影响当期的毛益贡献率。

在产品的更新换代过程中，被替代的产品、那些还没有销售完的整机、半成品、特殊元器件都将报废，成为损耗成本。除此之外，更新换代时对新产品的开发又要产生大量的开发成本，这种损耗成本及新增的开发成本数额是非常大的。但由于这些损耗成本及新增的开发成本都是固定成本，在没有采用产品全成本核算方式时，这些固定成本将成为成本"大锅饭"，被公司所有不同类型的产品共同分摊，而不会直接、全额反映到更新换代时新产品当期的净利润及毛益贡献率中，会造成产品更新换代时对新产品虚假盈利的错误判断。因此，企业应用产品全成本的方法来分析核算降本决策对企业经营的影响，而不能只是简单地把提高当期产品的毛益贡献率作为唯一的考虑因素，所以优化产品变动成本的方案也要进行经济决策。

二、重新设计优化变动成本方案的经济决策案例分析

某企业计划用重新设计产品的方式，连续 3 年进行 3 次大幅降本决策，但为此每年要投入的研发费用均为 20000000 元（产品固定成本），计划每次都能使产品变动成本的降幅达到 30%，即第一年年末、第二年年末、第三年年末产品的变动成本分别只为原来的 70%、49%、34%。产品改进前，产品原来的单位变动成本为 400 元，假设该企业 3 年的产品销售量均为 200000 件，3 年中该产品每年需摊销的固定成本总额均为 10000000 元。原单位产品销售收入为 500 元/件，但由于市场价格竞争，从第三年开始，单位产品销售收入每年下降 15%。

企业每次重新设计带来的产品损耗成本（包括质量事故损耗计提和原产品损耗成本）为 20000000 元（产品固定成本），每次发生的产品损耗成本均在当期计入损益，每年发生的产品换代新研发投入为 20000000 元，也在当期计入损益。

在上述条件下，我们对该企业采用的产品重新设计降本决策进行投资回报分析，以判断该企业的最佳降本投资方案。我们按前面给定的企业基本情况，分以下 3 种情况进行案例分析，进而比较经济决策的结果。

一是该企业不采用重新设计降本决策的结果。

二是该企业连续3年采用重新设计降本决策的结果。

三是该企业3年中只采用一次重新设计降本决策的结果。

在3种案例分析中,将用到的核算公式如下。

案例分析一:该企业不采用重新设计降本决策的结果。

产品毛益贡献率=(产品销售收入−产品变动成本)/产品销售收入　式(13-14)

产品型号投资回报=单位产品平均收入×产品销售总量−单位变动成本×产品销售总量−产品固定成本总额−计划分摊的非产品固定成本总额　　式(13-15)

该企业不采用重新设计降本决策的经营结果见表13-1。

表13-1　该企业不采用重新设计降本决策的经营结果

项目	第一年	第二年	第三年	第四年
单位产品销售收入/元	500	500	425	361
销售总量/件	200000	200000	200000	200000
单位变动成本/元	400	400	400	400
毛益贡献/元	20000000	20000000	5000000	−7800000
毛益贡献率/%	20	20	5.9	负值
换代研发投入/元	0	0	0	0
固定成本/元	10000000	10000000	10000000	10000000
产品损耗成本/元	0	0	0	0
利润/元	10000000	10000000	−5000000	−17800000

由表13-1可知,由于该企业没有采用产品重新设计降本决策,单位产品单位变动成本连续4年没有发生变化,而市场销售额从第三年起,每年都下降15%,所以毛益贡献从第三年开始下降,毛益贡献率也从第三年开始下降,到第四年,毛益贡献率已为负值,单位产品销售收入已低于单位产品变动成本,企业开始大幅亏损。

案例分析二:该企业从第二年开始连续3年,每年都进行一次重新设计的降本决策,每次都使产品变动成本的降幅达30%,以下是该企业连续3年的经济决策结果。

该企业连续 3 年采用重新设计降本决策的经营结果见表 13-2。

表 13-2　该企业连续 3 年采用重新设计降本决策的经营结果

项目	第一年	第二年	第三年	第四年
单位产品销售收入/元	500	500	425	361
销售总量/件	200000	200000	200000	200000
单位变动成本/元	400	280	196	137
毛益贡献/元	20000000	44000000	45800000	44800000
毛益贡献率/%	20	44	54	62
固定成本/元	10000000	10000000	10000000	10000000
换代研发新投入/元	0	20000000	20000000	20000000
换代产品损耗成本/元	0	20000000	20000000	20000000
利润/元	10000000	−6000000	−4200000	−5200000

由表 13-2 可知，该企业从第二年开始连续 3 年进行了 3 次重新设计的降本决策，单位产品变动成本连续 3 年每年都降低 30%，单位产品变动成本从第一年的 400 元，持续降为 280 元、196 元、137 元，产品变动成本的降本幅度非常大，毛益贡献率也逐年大幅提升，从第一年的 20%，逐年提高到 44%、54%、62%，即便第三年、第四年连续两年单位产品平均收入持续以 15% 的幅度下滑，但该企业第三年、第四年的毛益贡献率仍大幅上升，这就是产品重新设计降本带来的好处。

该企业第二年、第三年、第四年，连续 3 年的利润不但没有因为高的毛益贡献率而增长，反而与第一年相比，大幅下降，连续 3 年出现了亏损。其利润大幅下降的原因是，重新设计降本决策带来的产品换代的研发投入，每次投入都为 20000000 元；产品换代每次也带来 20000000 元的损耗成本。

这个案例值得深思。虽然良好的降本决策产生了持续高涨的毛益贡献率，但反而却造成了利润的大幅下降。

案例分析三：该企业只在第二年采用了一次重新设计降本决策，使产品变动成本降幅达 30%，以下是该企业只采用一次重新设计降本决策的经营结果。

只采用一次重新设计降本决策的经营结果见表 13-3。

表 13-3　只采用一次重新设计降本决策的经营结果

项目	第一年	第二年	第三年	第四年
单位产品销售收入/元	500	500	425	361
销售总量/件	200000	200000	200000	200000
单位变动成本/元	400	280	280	280
毛益贡献/元	20000000	44000000	29000000	16200000
毛益贡献率/%	20	44	34	22
固定成本/元	10000000	10000000	10000000	10000000
换代研发新投入/元	0	20000000	0	0
换代产品损耗成本/元	0	20000000	0	0
利润/元	10000000	-6000000	19000000	6200000

由表 13-3 可知，该企业只在第二年采用了一次重新设计降本决策，而在第三年、第四年没有再采取重新设计降本决策，所以第二年的毛益贡献率大幅上升，达到 44%。而第三年、第四年因单位产品销售收入连续两年都以 15%的幅度下降，造成第三年、第四年的毛益贡献率持续下降，分别降为 34%、22%，但仍高于第一年 20%的毛益贡献率，并且第三年、第四年仍有较高利润。

但该企业的利润变化是值得深思的，企业第一年没有采用重新设计降本决策，利润有 10000000 元，第二年采用了重新设计降本决策后，毛益贡献率虽然大幅提升，但利润反而大幅下降，原因就是重新设计降本决策在带来高毛益贡献率的同时，也带来了 20000000 元的产品换代研发新投入和 20000000 元的产品损耗成本，所以产品换代研发新投入和产品换代损耗成本在当年计入损益，当期就是亏损的，即便这些费用不在当期全部计入损益，当期可能还会小幅盈利，但会把这个费用计入其他年份损益。

该企业第三年、第四年没有持续采用重新设计降本决策，但由于在第二年实施了重新设计降本决策，企业的毛益贡献率大幅提升，即使第三年、第四年单位产品销售收入持续两年下降 15%，也仍保持了第三年、第四年的较高毛益贡献率，使该企业在第三年、第四年产生了较多利润。单位产品销售收入如果在第三年、第四年不下降，该企业产生的利润会更高。高利润产生的原因，除第二年的降本决策生效外，另一个重要因素是第三年、第四年都没有产品换代研发新投入和产品换代损耗成本。

我们如果只看产品的毛益贡献率，那么可以肯定重新设计降本决策的巨大作用；我们如果不用产品全成本的方法核算，只用产品在生产、销售、服务中发生的成本来核算，就不能有效解释高毛益贡献率不产生利润的原因。因此，在采用较大投入的降本决策时，一定要用产品全成本方法来分析投资回报，只有全成本方法才能得出最客观、最完整、最科学的结论。

本章小结

产品全成本核算最大的作用在于将固定成本总额中与产品有密切关联的固定成本，归集到该产品的整体投资回报和定价决策分析中，产品成本核算反映了产品盈利能力的真实性。

本章采用产品经济决策方法，通过举例分别对产品型号当期利润的经济决策方法、产品型号投资回报的经济决策方法、自动测试替代人工测试的经济决策对比方法、对原产品进行重新设计的经济决策对比方法进行了阐述，使读者能够有效地掌握产品经济决策方法，并能够将经济决策方法灵活地运用到实际工程中去。

 思考题

1. 为什么产品经济决策要面向产品的全周期、全流程？
2. 为什么不应由其他产品分摊某产品型号的产品固定成本？
3. 既然自动测试比人工测试的效率高，为什么还要通过经济决策来决定是否用自动测试替代人工测试呢?
4. 为什么对同一型号的产品连续几年都采用重新设计的方式来降低成本反而效果并不好?
5. 你掌握产品经济决策的方法吗?请叙述一下产品经济决策方法的原理。

第五篇
经济决策方法论的运用

- 第十四章　经济决策方法在多学科中的运用
- 结束语

第十四章
经济决策方法在多学科中的运用

要想对产品进行精准、有效的经济决策,其前提是能够对产品全周期、全流程作业环节中的变动成本进行精准核算,但问题是在不同学科、不同专业领域、不同产品类型中,受作业流程、环节千差万别的影响,如何将在某一个学科、专业、产品类型中总结出的经济决策方法运用到其他学科、专业?如何将经济决策方法抽象、提炼为一种方法论?如何将工科专业经济决策方法运用在多学科环境中?这些就是本章要解决的问题。

第一节　工科专业经济决策方法是方法论

本书用了许多章节来阐述工科专业经济决策方法，从变动成本、固定成本的性态，到作业变动成本法的原理、作业环节中变动成本的归集、产品变动成本的核算、基于变动成本法的产品定价、最后到基于作业变动成本法的经济决策。基于作业变动成本法的经济决策原理就是管理会计的核心内容，管理会计与财务会计最大的区别在于，财务会计的核算方法与行业、专业、产品无关，而管理会计的核算方法与行业、专业、产品密切相关，其原因在于管理会计的成本核算方法是基于工程、产品作业流程进行的，众所周知，不同行业、专业、产品的作业流程千差万别。例如，机械专业与电子信息专业相比，两者作业方式、流程差别是巨大的。不同行业的工程、产品作业流程不可类比，不仅如此，同一行业中不同专业的工程、产品作业流程也不可类比，甚至是同一专业领域中的不同产品，其生产作业流程也可能完全不相同，例如，同属于电子信息专业的软件产品与硬件产品就不能相比。本书在阐述经济决策方法、原理时，所用的作业流程都是以通信专业的移动基站为案例。

工科专业的种类多，每一个专业中的产品种类数不胜数，每一个学校培养的工科毕业生不可能今后都工作在同一专业领域，设计同一种产品。在工程教育专业认证的通用标准中明确强调"理解并掌握经济决策方法，并能在多学科环境中应用"，因此，我们要尝试将在一个专业领域中对某一产品作业流程的经济决策方法提升为方法论，将其核心原理灵活地运用到其他专业领域、其他产品作业流程中。

第二节　多学科、多专业领域的工程、产品类型

要想把经济决策方法应用到工科的多学科、多专业领域中，我们必须要知道多学科、多专业领域中的工程、产品成本核算的分类。无论何种学科、何种专业领域，其工程、产品生产模式大致分为 3 种：第一种模式的特征是产品生产数量很大、生产步骤多、交付周期短；第二种模式的特征是产品生产数量很大、生产步骤单一、交付周期短（这种模式也称为大批量、流水线生产模式）；第三种模式的特征是产品生产数量少、合同金额大、交付周期长（这种模式也称为大型工程项目）。

针对这 3 种不同的工程、产品生产模式，其采用的工程、产品成本核算、经济决策方法不同，采用的成本核算方法分别为分步法、品种法和分批法。本书的第二章已经分别阐述过这 3 种成本核算方法。针对这 3 种不同的工程、产品生产模式，分步法和品种法都可以用作业变动成本法进行产品成本核算，分批法只能用作业成本法进行产品成本核算。

第三节　掌握经济决策方法论的精髓

要学习工科专业的经济决策方法，就必须掌握经济决策方法论的精髓。现在我们将前面已经学过的经济决策方法进行抽象，从通信专业移动基站的作业流程中提炼出经济决策方法论的精髓。

一、掌握变动成本、固定成本的性态、特征

变动成本、固定成本的性态、特征与专业领域、产品类型无关，需要根据成本产生的动因判断成本的性态。

1. 变动成本

变动成本是指在特定的产品产量范围内成本总额随产品产量变动而发生

正比例变动的成本,这类成本直接受产品产量的影响,两者保持正比例关系,比例系数稳定。

变动成本有以下两个特点:一是产品变动成本总额随产品产量的增减呈比例增减;二是从单位产品的变动成本绝对值来看,它不受产品产量变动的影响,其绝对值数额始终是某一特定数额。

2. 固定成本

固定成本是指在特定的产品产量范围内,成本总额不受产品产量变动的影响,能保持相对稳定的成本。

固定成本有以下两个特点:一是在相关范围内,其成本总额不受产品产量增减变动的影响;二是从单位产品分摊的固定成本绝对值来看,它随产品产量的增加而相应地减少。

二、掌握作业变动成本法的成本动因分析法

在对任何一个专业领域的任何一种产品进行经济决策前,先要进行该产品的生命周期成本构成分析。产品全周期、全流程的生命周期示意如图14-1所示。

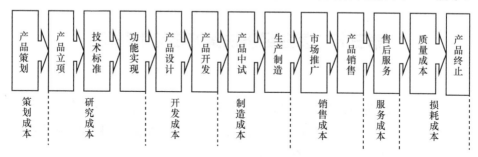

图 14-1 产品全周期、全流程的生命周期示意

对于作业流程比较简单的产品,可以直接判断每一个作业流程环节框图中要完成的功能及成本消耗动因,并能够根据成本消耗动因判断出成本的性态,判断其是变动成本,还是固定成本,并将所有产生变动成本的作业流程环节框图归类在一起,核算出每一个流程环节框图中单位变动成本的数额,最终统一归集出产品的单位变动成本。

那些只产生固定成本的作业流程环节框图归类在一起,可判断哪些是产品

固定成本、哪些是公共的非产品固定成本。由于图 14-1 的固定成本基本上是产品固定成本，要核算出每一个作业流程环节框图的产品固定成本数额，然后统一归集出产品固定成本总额；在进行产品经济决策时，还要掌握该产品摊销的公共非产品固定成本总额。

三、作业环节变动成本的归集

作业变动成本法的成本分解示意如图 14-2 所示。作业变动成本法的成本聚合、归集示意如图 14-3 所示。当我们描绘出实际行业、专业、产品的全周期、全流程的作业环节、流程图后，可以按照图 14-2 的方法分解各作业环节的成本动因、消耗，对已消耗的成本性态、特征进行分析，判断出真实的变动成本，并依据各环节变动成本的消耗动因核算出实际的变动成本数额，再按照图 14-3 的方法进行作业环节中的变动成本聚合、归集，这里聚合、归集只是各个作业环节中的变动成本，将各作业环节中发生的变动成本数额累计，就可得到该产品的变动成本总额。

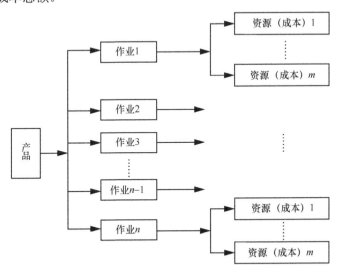

图 14-2 作业变动成本法的成本分解示意

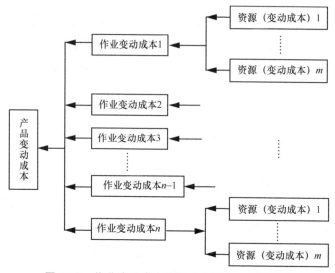

图 14-3 作业变动成本法的成本聚合、归集示意

四、运用损益方程式进行经济决策

虽然不同行业、专业、产品的作业流程环节差别很大,且每一个作业流程环节的成本发生动因差别也很大,但作业变动成本法的规则、原理却是一样的。

一旦根据作业变动成本法的规则核算出产品的变动成本总额、产品固定成本总额后,后面的产品定价决策、当期利润经济决策、产品投资回报经济决策、优化成本的经济决策方法就不存在学科、专业、产品的差别,可以按照损益方程进行经济决策。

1. 产品定价决策

产品单价≥单位产品变动成本+该产品固定成本总额/
该产品销售数量总额+该单位产品所分摊的非产品固定成本/
该产品销售数量总额+预计的单位产品利润

2. 当期利润经济决策

利润(当期)=单位产品收入×产品销售数量−单位变动成本×产品销售数量−该产品固定成本总额(当期应分摊)−分摊的非产品固定成本

3. 产品投资回报经济决策

产品型号投资回报=单位产品平均收入×产品销售总量−单位变动成本×

产品销售数量总量−产品固定成本总额−计划分摊的非产品固定成本总额

4．优化成本的经济决策

将产品型号成本优化前的投资回报结果核算出来。

产品型号投资回报（优化成本前）=单位产品平均收入×产品销售总量−

单位变动成本（优化成本前）×产品销售总量−

产品固定成本总额（优化成本前）−计划分摊的非产品固定成本总额

再将产品型号成本优化后的投资回报结果核算出来。

产品型号投资回报（优化成本后）=单位产品平均收入×产品销售总量−

单位变动成本（优化成本后）×产品销售总量−

产品固定成本总额（优化成本后）−计划分摊的非产品固定成本总额

将产品型号成本优化前的投资回报结果与成本优化后的投资回报结果进行比较，只有当成本优化后的产品型号投资回报数额明显高于优化成本前的产品型号投资回报时，优化成本的经济决策才是正确的结果。

第四节　出版印刷专业的经济决策方法案例

一、出版产品全周期、全流程的生命周期

下面我们就以出版印刷专业领域的图书出版为例，来说明工科经济决策方法在多学科、行业、专业中的运用。对出版社来说，出版的每一种图书都是一种型号的产品，下面我们就采用工科经济决策方法对图书出版进行经济决策。根据该图书的变动成本总额、产品固定成本总额、出版社计划让该图书分摊的公共固定成本数额，来进行该图书的定价、投资回报、盈亏平衡时的销售数量等经济决策。

二、图书（产品）全周期、全流程作业环节的成本性态分析与归集

为归集、核算出该图书（产品）的变动成本总额、该图书（产品）的固定成本总额，我们必须知道该图书（产品）的全周期、全流程的生命周期，图书

（产品）全周期、全流程的生命周期示意如图14-4所示。下面我们来分析图14-4中每一个作业环节的功能、成本消耗动因及成本性态，以便进行该图书（产品）变动成本总额的归集、核算，以及该图书（产品）固定成本总额的核算。

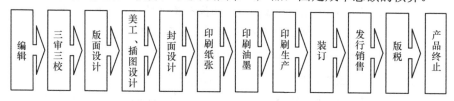

图14-4　图书（产品）全周期、全流程的生命周期示意

由于图书（产品）全周期、全流程的生命周期相比通信专业移动基站作业流程环节相对简单，因此我们可以直接对每个流程环节进行成本性态分析与归集。

1．编辑环节的成本性态分析与归集

（1）编辑环节

编辑环节的主要职能是为某图书（后面称为产品）进行策划、立项、内容编排等。编辑的对象是产品本身，所以编辑环节产生的成本消耗均应由该产品承担。

（2）编辑环节的成本动因

编辑环节的成本动因包括责任编辑的人工费用及办公费用。

（3）编辑环节的成本性态

由于编辑环节所产生的成本是在产品生产、销售前，其成本数量与该产品的销售数量无关，因此编辑环节所产生的成本不是产品变动成本，属于产品固定成本。一般情况下，一个责任编辑会同时负责多个不同的产品，所以一个责任编辑的人工费用、办公费用可由几个不同的产品分摊，该产品分摊到的责任编辑的人工费用、办公费用就是该产品编辑环节的产品固定成本。

2．三审三校

（1）三审三校环节

三审三校环节的主要职能是对书稿进行审稿，作者根据审稿意见修改后，该环节要进行第二次、第三次审稿，审稿完成后还要进行三次校对，所以三审三校环节是产品业务流程中的第二个环节，三审三校环节产生的成本消耗均应由该产品承担。

（2）三审三校环节的成本动因

三审三校环节的成本动因包括审稿、校对人员的人工费用及办公费用。

（3）三审三校环节的成本性态

由于三审三校环节所产生的成本是在产品生产、销售前，其成本数量与该产品的销售数量无关，因此三审三校环节所产生的成本不是产品变动成本，属于产品固定成本。一般情况下，审稿、校对人员会同时负责多个不同的产品，所以审稿、校对人员的人工费用、办公费用可由几个不同的产品分摊，该产品分摊到的审稿、校对人员的人工费用、办公费用就是该产品三审三校环节的产品固定成本。

3．版面设计

（1）版面设计环节

版面设计环节的主要职能是对书稿在印刷前进行排版设计，版面设计环节产生的成本消耗均应由该产品承担。

（2）版面设计环节的成本动因

版面设计环节的成本动因包括版面设计人员的人工费用及办公费用。

（3）版面设计环节的成本性态

由于版面设计环节所产生的成本是在产品生产、销售前，其成本数量与该产品的销售数量无关，因此版面设计环节所产生的成本不是产品变动成本，属于产品固定成本。一般情况下，一个版面设计人员会同时负责多个不同的产品，所以一个版面设计人员的人工费用、办公费用可由几个不同的产品分摊，该产品分摊到的版面设计人员的人工费用、办公费用就是该产品版面设计环节的产品固定成本。

4．美工、插图设计

（1）美工、插图设计环节

美工、插图设计环节的主要职能是对产品在印刷前进行美工设计及插图设计，美工、插图设计环节产生的成本消耗均应由该产品承担。

（2）美工、插图设计环节的成本动因

美工、插图设计环节的成本动因包括美工、插图设计人员的人工费用及办公费用。

（3）美工、插图设计环节的成本性态

由于美工、插图设计环节所产生的成本是在产品生产、销售前，其成本数量与该产品的销售数量无关，因此美工、插图设计环节所产生的成本不是产品变动成本，属于产品固定成本。一般情况下，美工、插图设计人员会同时负责多个不同的产品，所以美工、插图设计人员的人工费用、办公费用可由几个不同的产品分摊，该产品分摊到的美工、插图设计人员的人工费用、办公费用就是该产品美工、插图设计环节的产品固定成本。

5．封面设计

（1）封面设计环节

封面设计环节的主要职能是对产品在印刷前进行封面设计，封面设计环节产生的成本消耗均应由该产品承担。

（2）封面设计环节的成本动因

封面设计环节的成本动因包括封面设计人员的人工费用及办公费用。

（3）封面设计环节的成本性态

由于封面设计环节所产生的成本是在产品生产、销售前，其成本数量与该产品的销售数量无关，因此封面设计环节所产生的成本不是产品变动成本，属于产品固定成本。一般情况下，一个封面设计人员会同时负责多个不同的产品，所以一个封面设计人员的人工费用、办公费用可由几个不同的产品分摊，该产品分摊到的封面设计人员的人工费用、办公费用就是该产品封面设计环节的产品固定成本。

6．印刷纸张

（1）印刷纸张是产品生产的原材料

印刷纸张是产品生产的原材料，应由该产品来承担。

（2）印刷纸张的成本动因

印刷纸张需要通过采购获得。

（3）印刷纸张的成本性态

产品在完成版面设计后，就知道了单个产品所需的印刷纸张数量，该产品的销售数量越大，印刷纸张的数量就越多，而且是线性关系，所以印刷纸张是产品变动成本，应根据产品的版面尺寸大小、纸张规格及产品的页数核算出单个产品的印刷纸张变动成本。封面纸张规格不同，要单独核算封面的印刷纸张变动成本。

7．印刷油墨

（1）印刷油墨是产品生产的耗材

印刷油墨是产品生产的耗材，应由该产品承担。

（2）印刷油墨的成本动因

印刷油墨需要通过采购获得。

（3）印刷油墨的成本性态

产品在完成版面设计后，就知道了单个产品所需的印刷油墨用量，该产品的销售数量越大，所需印刷油墨的用量就越多，而且是线性关系，所以印刷油墨是产品变动成本，应根据产品的版面尺寸大小、油墨规格及产品的页数核算出单个产品所需的印刷油墨变动成本。

8．印刷生产

（1）印刷生产是产品的生产环节

印刷生产是产品生产环节，印刷生产的消耗应由该产品承担。

（2）印刷生产的成本动因

印刷生产所消耗的成本包括生产人员的人工费用、印刷机器的折旧费、印刷机的用电消耗。

（3）印刷生产的成本性态

产品的印刷生产数量越大，生产人员的人工费用、印刷机器的折旧费、印刷机的用电消耗量就越多，所以印刷生产环节所产生的成本是产品变动成本，应核算出单个产品的印刷生产环节的平均变动成本。封面的要求不同，印刷成本不同，要单独核算封面印刷生产的变动成本。

9．装订

（1）装订成本消耗

装订环节的成本消耗应由该产品承担。

（2）装订环节的成本动因

装订环节所消耗的成本包括装订人员的人工费用、装订机器的折旧费、装订机的用电消耗。

（3）装订环节的成本性态

产品的生产数量越大，装订人员的人工费用、装订机器的折旧费、装订机的用电消耗量就越多，所以装订环节所产生的成本是产品变动成本，应核算出单个产品装订环节的平均变动成本。

10．发行销售

一般来说，出版社的产品发行销售是委托书店、网店、出版发行商发行，由出版社与出版发行商协商一个双方都能接受的委托发行费用。委托发行费用占产品销售额的一定比例，委托发行费用对出版社而言是产品变动成本，根据委托发行费用占产品销售额的具体比例核算出发行销售环节的产品变动成本。

11．版税

版税是出版社销售产品时向作者支付的版权许可费，版税数额以单个产品计算，由作者与出版社协商一个双方都能接受的版税数额，版税数额占产品销售价格的一定比例，版税对出版社而言是产品变动成本，根据版税占产品销售价格的具体比例核算出版税环节的产品变动成本。

三、图书（产品）的经济决策方法

1．图书（产品）的产品变动成本

图书（产品）的产品变动成本由印刷纸张、印刷油墨、印刷生产、装订、发行销售、版税等环节中的变动成本组成，先核算出单位产品在这些环节所产生的变动成本，然后进行累计得到单位图书（产品）的产品变动成本总额。在前面章节中，我们将图书（产品）的生产模式按分步法进行成本核算，由于图书（产品）的生产模式比较简单，因此，我们也可以将图书（产品）按品种法进行成本核算，既将整个印刷过程视为一个封闭环节，一并核算印刷封闭环节的变动成本，不再细分印刷纸张、印刷油墨、印刷生产、装订等具体环节。实际上许多出版社将整个印刷过程外包，作为一个封闭流程支付变动成本。无论是按分步法，还是品种法，都要采用产品变动成本法进行成本核算，核算结果没有差别。

2．图书（产品）的产品固定成本

图书（产品）的产品固定成本由编辑，三审三校，版面设计，美工、插图设计，封面设计组成，先核算出产品在这些环节分别产生的产品固定成本，然后进行累计得到图书（产品）的产品固定成本总额。

3. 图书（产品）产品的经济决策案例

【例 14-1】 出版社准备出版发行一本新书，经核算该图书（产品）的单位变动成本总额为 25 元，该书的产品固定成本总额为 30000 元，由该书分摊的出版社非产品固定成本为 15000 元，计划发行 5000 本，如果期望每本书的获利为 10 元，在满足这些前提条件下，该书的定价应该为多少？该书销售盈亏持平时的销售数量至少为多少本？该书销售到 5000 本时的投资回报是多少？

① 该书的定价

产品的定价决策：

产品单价（收入）=单位产品变动成本+该产品固定成本总额/
　　　　　　该产品销售数量总额+该单位产品所分摊的非产品固
　　　　　　定成本/该产品销售数量总额+预计的单位产品利润=
　　　　　　25+30000÷5000+15000÷5000+10=
　　　　　　25+6+3+10 = 44（元）

在满足上述条件下，该书的单价（收入）应该为 44 元。增值税按 9%来计算，即 44×（1+9%）=47.96，该书的定价应该为 47.96（元）。

② 该书销售盈亏持平时的销售数量

销售盈亏持平时就是损益方程式利润为零的状态。

　　　　0=单位产品平均收入×产品销售数量－
　　　　　单位变动成本×产品销量数量－
　　　　　产品固定成本总额－计划分摊的非产品固定成本总额=
　　　　　44×盈亏平衡销售数量－25×盈亏平衡销售数量－30000－15000

盈亏平衡销售数量=45000÷（44－25）≈2369（本）

所以，该书销售盈亏持平时的销售数量至少应达到 2369 本。

③ 该书销售到 5000 本时的投资回报

产品型号投资回报=单位产品平均收入×产品销售总量－单位变动成本×
　　　　　产品销售总量－产品固定成本总额－
　　　　　计划分摊的非产品固定成本总额=
　　　　　44×5000－25×5000－30000－15000 = 50000（元）

该书销售到 5000 本时的投资回报为 50000 元。

本章小结

在工程教育专业认证的通用标准中明确强调"理解并掌握经济决策方法，并能在多学科环境中应用"，为了使经济决策方法能够在多学科、多专业领域中得到运用，本章阐述了如何将经济决策核算方法提炼成为跨专业的方法论，将经济决策方法的核心原理灵活运用到其他专业领域、其他产品作业流程中，要掌握经济决策方法的精髓，不能简单机械照搬，必须学会举一反三。

本章将经济决策方法运用到出版印刷专业领域，通过出版、发行图书的案例，分析了图书（产品）全周期、全流程的生命周期流程，分析出其生命周期中每一个作业环节的功能、成本消耗动因及成本性态，核算出图书（产品）的变动成本总额、该图书（产品）的固定成本总额，并通过对案例进行经济决策，使读者能够将产品定价方法、盈亏平衡产品数量确定方法、投资回报决策方法等经济决策方法用于其他的工科专业领域。

 思考题

1. 为什么必须掌握在多学科环境中进行经济决策方法？
2. 你能够抽象、提炼出跨学科、专业的经济决策通用方法论吗？
3. 在图书（产品）的全周期、全流程作业中，编辑，三审三校，版面设计，美工、插图设计，封面设计，印刷纸张，印刷油墨，印刷生产，装订，发行销售，版税等作业环节，哪些环节产生产品变动成本？哪些环节产生产品固定成本？这些环节产生非产品固定成本吗？
4. 你能够用通用的经济决策方法论概念，尝试描述一下家具厂生产组合家具时，其产品的全周期、全流程的作业环节吗？在你描述的全周期、全流程的作业环节中，哪些环节产生产品变动成本？哪些环节产生产品固定成本？哪些环节产生非产品固定成本？

结束语

2016年6月，我国正式加入国际工程教育《华盛顿协议》组织，目前，我国在工科专业正在全面推行以《华盛顿协议》为主体的工程教育专业认证通用标准，大规模地开展工程教育专业认证，使我国工科专业的教育标准与国际工程教育标准实质等效。

在我国工科专业大规模开展工程教育专业认证后，工科专业直接将行业、企业对学生的工程能力要求作为工科专业的培养目标。在工程教育专业认证通用标准中，对工科专业学生明确了12条毕业要求。这些毕业要求不仅是对专业技术知识、能力的要求，还要求工科专业学生能够将本专业的技术知识与非技术知识相结合，并对课程体系中技术与非技术的相容性提出明确要求。工程教育专业认证通用标准对通识课的要求是："人文社会科学类通识教育课程（至少占总学分的15%），使学生在从事工程设计时能够考虑经济、环境、法律、伦理等各种制约因素。"在工程教育专业认证通用标准的12条毕业要求中，还包括对全周期、全流程工程设计方法论的能力要求，对工程项目管理能力的要求，对工程、产品进行经济、财务决策的能力要求，以及其对工程素质的能力要求。

经过十多年的工程教育专业认证，我国高校工科专业对工程教育专业认证的认知度迅速提高，在工程教育、工程能力的培养上进步很大。

现在我国部分准备参加、正在申请参加、已获受理正提交自评报告，甚至部分已经通过认证的专业，大多存在较为明显的共性问题：一是对工程教育专业认证通用标准 12 条毕业要求的内涵了解不够深，仍停留在基本照搬的水平上，仅处于"形似"阶段，距离"神似"还较远；二是对于"非技术"知识、能力在工程中的重要作用认识不足，极少考虑如何在工程实践中将专业技术与"非技术"相容；三是对"非技术"的理论知识及综合能力的培养结构性薄弱，对设计开发解决方案、经济决策方法、工程项目管理原理等缺少理论性、方法论的培养；四是对解决"复杂工程问题"能力的理解比较浅显，仍处于培养课程知识点及解决"复杂技术问题"能力的阶段，并不了解 12 条毕业要求之间存在的逻辑关系、相关技术性要求之间存在的紧密协作关系、技术性要求与非技术要求之间的不可分割性，在能力培养和评价上，缺少多技术课程之间的综合、缺少技术与非技术的综合、缺少综合能力的训练与评价。

在此背景下，本教材编写组决定针对大多数高校工科专业目前存在的共性问题，撰写了两本有关工程教育的教材：《设计开发流程与工程项目管理的原理及运用》《工科专业经济决策的原理及运用》这两本教材可作为工程教育的教材、教学参考书，以期通过教学使工程教育的培养模式能够更加遵循工程逻辑，能够更接近实际工程与产品的设计开发流程、工程管理模式、工程经济决策方法，能够有效解决现在工程教育专业认证、工程人才培养中的共性问题，培养出能够解决复杂工程问题的人才。

希望这两本工程教育方面的教材，能够对工科专业学生的工程能力的培养起到支撑作用，能够对工科专业在进行工程教育专业认证时起到一定的参考价值。